高等院校"十三五"工商管理规划教材

成本会计与管理会计

何李坚　主编

Cost Accounting and Management Accounting

经济管理出版社
ECONOMY & MANAGEMENT PUBLISHING HOUSE

图书在版编目（CIP）数据

成本会计与管理会计/何李坚主编．—北京：经济管理出版社，2019.7
ISBN 978 - 7 - 5096 - 6722 - 4

Ⅰ.①成…　Ⅱ.①何…　Ⅲ.①成本会计②管理会计　Ⅳ.①F234.2②F234.3

中国版本图书馆 CIP 数据核字（2019）第 137215 号

组稿编辑：王光艳
责任编辑：魏晨红
责任印制：黄章平
责任校对：赵天宇

出版发行：经济管理出版社
　　　　　（北京市海淀区北蜂窝 8 号中雅大厦 A 座 11 层　100038）
网　　　址：www. E - mp. com. cn
电　　　话：（010）51915602
印　　　刷：三河市延风印装有限公司
经　　　销：新华书店
开　　　本：720mm × 1000mm/16
印　　　张：15.25
字　　　数：282 千字
版　　　次：2019 年 7 月第 1 版　　2019 年 7 月第 1 次印刷
书　　　号：ISBN 978 - 7 - 5096 - 6722 - 4
定　　　价：58.00 元

目　录

第一章

成　本

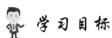 学习目标

1. 理解并掌握企业组织的类型、产品和存货的类型。

2. 能正确定义成本，熟练掌握制造企业的成本项目。

3. 理解并掌握成本动因的概念、成本的分类和成本会计科目的设置。

4. 理解成本项目和会计报表之间的关系，理解并掌握制造企业成本核算和账务处理的一般流程。

第一节　组织类型、产品和存货

一、企业的组织类型

企业的组织类型一般可分为制造型企业、商业企业和服务型企业三种。这三种企业类型的定义和举例如下：

（一）制造型企业

制造型企业是指通过生产制造活动将企业购买的原材料或零部件转化为产成品的企业。制造型企业既可以是工业企业，也可以是农业企业。例如，汽车生产企业就是典型的工业制造企业，而食品加工企业、农产品深加工企业则是典型的农业制造企业。我国以生产红旗轿车著称的一汽集团、以生产卡车著称的东风汽

车公司、以生产大型工程用车著称的三一重工等大型国有企业均属制造型企业。除此之外，民营企业中也有大量的制造型企业。例如，我国东南沿海地区，特别是长三角地区分布着众多的制造型民营企业，主要生产家具、服装、鞋类等日用品，甚至生产纽扣等小商品。浙江省温州市是我国民营经济最发达的地区之一，分布有 2500 多家服装制造企业、2000 多家鞋类制造企业和上万家小商品制造企业。在过去的十多年里，这些企业生产的产品大量出口美国、欧盟等国家，为我国创造了大量的外汇收入，成为我国经济发展的"三驾马车"之一。这些出口型制造企业的生产形式多为贴牌加工（Original Equipment Manufacturing，OEM）。大量研究表明，我国的贴牌加工企业负担了生产制造的主要资源成本，例如土地和能源，而获得的利润却在全球价值链中最低。绝大部分的利润由西方品牌企业和分销企业赚取。因此，我国的制造型企业正面临着从 OEM 向 ODM（Originl Design Manufacturing）转型升级并进一步向 OBM（Original Brand Manufacturing）转型升级的挑战。

> 拉动我国经济发展的"三驾马车"被认为是投资、出口和消费。但是从 20 世纪末到 21 世纪初，投资和出口成为拉动我国经济增长的主要力量，消费需求不足成为亟待解决的经济问题。因此，21 世纪以来中央经济政策大多关注扩大内需，以促进消费。

（二）商业企业

商业企业是指购买并销售有形的产成品，而不改变产成品的基本形式的企业。商业企业包含零售商，如综合超市、家具店、百货店等。除此之外，商业企业还包括分销商（如从全世界各个国家购买商品后向国内销售的贸易公司）以及批发商（如电子产品、家具、食品的批发企业）。

（三）服务型企业

服务型企业是指并不供应有形产品而提供服务这种无形产品的企业。服务型企业包括会计师事务所，例如世界知名的四大会计师事务所。除此之外，还包括银行、保险公司、信托公司、投资公司等提供专业的金融服务企业，律师事务所等提供专业的法律服务企业。

世界知名的国际四大会计师事务所是指普华永道（PWC）、德勤（DTT）、毕马威（KPMG）、安永（EY）。2000年，原本是"国际五大会计师事务所"中的安达信由于涉及美国能源企业安然公司财务报告作假事件而倒闭，从而使原来的"五大"变成了"四大"。

二、产品和存货

由于制造型企业需要采购原材料和零部件后进行生产制造，把原材料和零部件转化为产成品。因此，制造型企业的产品是有形的产成品，可以直接供应给商业企业销售给消费者，而制造型企业的存货包括以下三种：

（一）直接材料存货（Direct Materials Inventory）

企业采购原材料和零部件后放置于仓库中准备生产制造时使用。这就形成了直接材料存货。例如，制造汽车需使用的钢材、轮胎、引擎等。

（二）在产品存货（Work–in–process Inventory）

在产品存货是指仍处于生产制造中的半成品，尚未完工暂且放入仓库中等待进一步生产加工。例如，处于不同的工序之中的尚未完工的半成品汽车等。

（三）产成品存货（Finish Goods Inventory）

产成品存货是指已经完成生产制造的各种工序，等待销售的产品。例如，已完工但尚未销售的汽车。

第二节　成本的基础概念

一、成本的定义

成本是企业为特定的生产经营目的而耗费的资源的货币总和。成本以货币计量，一项成本即为采购物品或服务所支付的货币金额。成本在财务会计账务处理中使用"费用"这一术语。按照我国 2006 年颁布的最新的《企业会计准则——基本准则》的定义,费用是指企业日常活动中发生的、会导致所有者权益减少的、与向所有者分配利润无关的经济利益的总流出。可以看出,成本与费用的概念本质上是一致的。成本在财务会计账册和报表中被列报和披露时,也称为"费用",如"期间费用"。

当我们要研究成本的时候,首先需要明确研究什么对象的成本,就是说首先需要确定成本计算对象(Cost Object),简称成本对象。成本对象是需要进行成本计量的任何事项,包括一种产品、一项服务、一个项目、一位客户、一种商业活动或生产活动,甚至企业里的一个部门。

那么,如何计算成本对象的成本?成本计算的过程有两个基本步骤:首先归集成本,然后分配成本。成本的归集是指把同一企业中发生在同一会计期间的相同性质的成本汇总起来。例如,上汽集团生产汽车,把 2012 年 1 月生产荣威 550 型汽车所发生的直接原材料费用汇总起来,进行当月所耗费的直接原材料的成本归集。成本的分配是指把归集到一起的成本总金额分配到每一个产品上,从而计算出单个产品应分配的成本。例如,上汽集团把归集到一起的 2012 年 1 月发生的生产荣威 550 型汽车的直接原材料成本的总额除以当月生产的数量即得到了每一辆荣威 550 型汽车的直接原材料费用。

可见,成本的归集较为简单,只要将相同种类的成本加到一起即可,而成本的分配却较为复杂。以上是原材料成本这种直接成本的例子,如果是在工厂车间发生的间接成本(如工厂车间的租金、车间主任的工资、车间的全部机械设备维护用的机油等),通常都是整个车间发生的共同成本,而不是由于生产特定的产品(如荣威 550 型汽车)而发生的成本,因此并不能与特定的产品直接相关,那么这种间接成本的分配就需要更科学而系统的方法了。下面我们先梳理清楚制造型企业到底会发生哪些成本。

二、成本会计的含义

成本会计是指核算产品的总成本和单位成本,并对成本进行计划和控制。成本会计职能是核算、监督。核算就是对实际发生的各项生产费用,按一定的标准进行汇集和分配;监督各种生产耗费的合理性、合法性、有效性。

成本会计的任务:①及时、准确的成本核算。②降低成本、费用。③考核成本计划的完成情况,开展成本分析,改进生产经营管理。④提高经济效益。

三、制造型企业的成本构成

（一）制造企业的价值链与成本项目

制造型企业的基本生产经营活动就是价值链上的一系列活动，包括产品研究和开发、产品设计、采供和生产、营销、配送、售后服务，并将售后服务中获得的信息反馈至最初的产品研究和开发环节。在各个环节的生产经营活动中，企业都必须耗费资源，即投入成本。企业所投入的各项成本也就是会计报表中出现的各项费用。下面按照价值链的各个环节逐一分析制造型企业的成本和费用。

在研发和设计环节中，企业需要投入资源以确保新技术和新产品的研发和设计。企业在该阶段投入的成本用研发费用进行计量。制药企业、医疗器械生产企业、IT 企业等高科技企业在研发上的投入往往非常大。例如，我们熟知的美国苹果公司，其主打产品 Mac Computer、iPod、iPhone、iPad、iTune 都经历了每年推出新款的快速更新换代的过程。然而，在苹果公司迅速推陈出新的背后，是数十亿美元研发费用的投入。从表 1－1 可以看出，2011 年和 2012 年苹果公司所投入的年度研发费用的增速分别为 36% 和 39%。研发费用通常以发生在一个会计期间内的研发费用的总和来计量。一个会计期间可以是一个月、一个季度、半年或一年。研发费用的总额在期末直接计入企业的利润表中。

表 1－1　美国苹果公司研发费用概况　　　　单位：百万美元

年份	2010	2011	2012
研发费用总金额	1 782	2 429	3 381
研发费用占年度销售收入的百分比（%）	3	2	2

供应和生产环节的成本发生在企业的工厂（或生产车间）内。企业在该环节一般应该设置以下几个成本项目：

1. 直接材料

企业投入原料、材料及辅助材料成本进行生产制造，最终把这些原材料通过生产活动转变为半成品和产成品。

2. 直接人工

工厂或车间投入劳动，工人实施生产加工活动，向工人支付薪酬，并按国家规定支付各项福利。因此，直接人工费用包含工资薪酬和福利两项。

3. 燃料和动力

燃料和动力是指直接用于产品生产的燃料和动力的支出，包含驱动机器设备开展生产或生产车间所使用的煤、电、天然气、汽油、润滑油等能源类成本支出。如果从外单位购进燃料和动力，则该成本应包含购买的实价、运费、保险费等将燃料和动力就位并投入生产的一切相关成本。

4. 制造费用

制造费用是指发生在企业的生产工厂或车间的各项间接费用。这些间接费用与某一种产品的生产没有直接的因果关系，因而无法将其直接追迹到某一种产品的成本中去，但却与该工厂或车间生产的所有产品相关。例如，机器设备的折旧、固定资产的折旧、厂房车间或机器设备的租赁费（不包括融资租赁费）、管理人员（如车间主任）的薪酬、机械物料（如润滑油）消耗、低值易耗品摊销、水电费、燃气费、生产车间的办公费、运输费、保险费、设计制图费、实验检验费、劳动保护费、季节性或其他停工损失等间接费用。制造费用还包含工厂车间在生产过程中耗费的燃料和动力费用，如汽油、柴油费用等。企业可根据自身的生产特点和管理要求对上述成本项目进行适当的调整。对于管理上需要单独控制或考核的费用，或在企业的产品成本中占比较大的项目，应该设置专门的成本项目。例如，如果废品损失在产品的成本中占比较大，企业管理上需要进行重点控制和考核，那么就应该设置"废品损失"项目。又如，工厂在生产某一单独产品时耗费的燃料和动力费用应该计入"直接材料"成本项目。而当该费用占比重较大需要单独控制时，企业可单独设置"直接燃料和动力费用"项目进行核算。对于工厂共同使用的燃料和动力费用则应计入"制造费用"成本项目进行核算，而当该费用占比重较大需要单独控制时，也可以单独设置"燃料和动力费用"项目进行核算。

营销、配送和售后服务环节发生的成本均计入销售费用。销售费用除了包括产品营销、配送和售后服务的费用以外，还包括企业为销售产品而专设的销售机构的各项经费。包括运输费、装卸费、包装费、保险费、展览广告费以及专设的销售机构（包括销售网点和售后服务网点等）的职工薪酬福利费用、业务费等。销售费用一般以发生在一个会计期间内的销售费用的总和来计量。销售费用的总额在期末直接计入企业的利润表中。

以上是按照企业价值链而设置的成本项目。除此之外，企业还设置销售费用、管理费用和财务费用。

销售费用是发生在企业销售部门的用于销售产品的费用。它包括销售人员的薪酬、广告促销费用、为销售产品而专设的专卖店的费用等。销售费用不同于"销货成本"。销货成本在会计报表中又称"营业成本"或"主营业务成本"，它不是为销售活动而发生的成本，而是指销售出去的产品中所包含的产品生产成本。销货成本与企业的销售行为无关。然而，销售费用是企业花在销售活动上的成本支出，属于三大期间费用之一。

管理费用是发生在企业的基本生产部门（如生产工厂或车间）和辅助生产部门（如供电、供水或运输等）之外的行政管理部门中的成本，是企业为组织和管理生产经营活动而发生的各项费用。具体包括行政管理部门的职工薪酬费用、修理费、低值易耗品摊销、办公费、差旅费等，还包括工会经费、社会保险费、劳动保险费、董事会费（包括董事会成员津贴、会议费、差旅费等）、聘请中介机构费、咨询顾问费、诉讼费、业务招待费、房产税、车船税、土地使用税、印花税、技术转让费、无形资产摊销、职工教育经费、排污费、存货盘亏或盘盈（不包括应计入营业外支出的存货损失）等。有关研发费用，企业可根据自身生产特点适当调整，当研发费用金额不大时可以计入管理费用，研发费用庞大的企业应单独设置研发费用项目进行核算。

财务费用是指企业为筹集生产经营所需要的资金而发生的各项费用，包括利息费用（减利息收入）、汇兑损失（减汇兑收益）以及相关的手续费等。

（二）生产成本和期间费用

上述基于价值链分析的成本项目可以分成生产成本和期间费用两类。

1. 生产成本

生产成本或称生产费用是发生在企业的生产部门（包括基本生产部门和辅助生产部门），最终转移到资产负债表的"存货"项目之中的成本。包括直接材料、直接人工和制造费用。

2. 期间费用

期间费用是指利润表中除了销货成本之外的其他成本项目。包括销售费用、管理费用、财务费用、研发费用。这些费用都是在一个会计期间内发生的，其金额是该会计期间内发生的费用合计。这些费用有望在该会计期间内于企业获得销售收入。尽管研发费用的投入可能使企业在未来获得收益，但企业投入该费用之后是否一定能获得研发的成果具有不确定性，因此也被视为期间费用。对于制造型企业来说，期间费用都是非生产成本。对于商业企业来说，期间费用是销货成本之外的其他费用。

由此，可以把制造型企业的成本构成归纳成图1-1的形式。

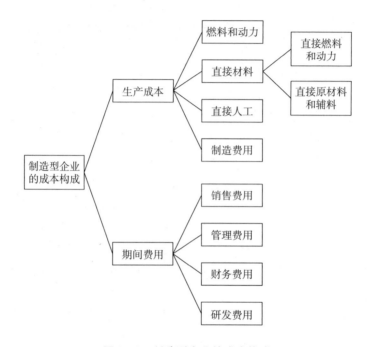

图1-1 制造型企业的成本构成

四、制造型企业的成本分类

（一）直接成本（Direct Costs）和间接成本（Indirect Costs）

我们可以根据成本的性质，把某一对象的成本区分成直接成本和间接成本。

1. 直接成本

直接成本与某一特定的成本对象之间具有因果关系，并能被追迹到该成本对象的成本中去。直接成本包括直接材料和直接人工成本。例如，用于制造荣威550型轿车的钢板和轮胎是该款轿车的直接成本。在荣威550型轿车生产线上工作的工人填写原材料调用单后送交仓库，仓库出具原材料出库单，标明供给荣威550型轿车的原材料的成本。因此，这些原材料成本可以很容易地被直接追迹到荣威550型轿车的成本中去。另外，在荣威550型轿车生产线上工作的工人的薪酬则通过考勤表计算工资薪酬后，直接追迹到荣威550型轿车中去，是该产品的另一种直接成本——直接人工成本。

2. 间接成本

间接成本虽然与某一特定的成本对象之间具有一定关联，但是不具有直接的因果关系，不能被直接追迹到成本对象的成本中去。制造费用就是典型的间接成本。例如，工厂管理者（车间主任）的薪酬工资就是一项制造费用，同时也是一项间接成本。由于工厂管理者监管着该工程中生产的多种产品，因此工厂管理者的薪酬工资虽然与所有产品都有关联，但是无法直接被追迹到某一种产品的成本中去，而应该采取成本分配的方法，分别分配给不同的产品。

（二）变动成本（Variable Costs）和固定成本（Fixed Costs）

企业投入生产的原材料、人工和其他资源的成本具有不同的性态模式，称为成本性态模式或成本性态。成本性态模式包含变动成本和固定成本两种。

变动成本是指与产量或生产经营活动的数量成正比的成本。直接材料和直接人工成本就是典型的变动成本。固定成本是指在一定会计期间内，无论是产量还是生产经营活动的数量如何变化都不会影响成本金额的成本。企业的厂房或办公用房的租金、管理人员的工资都是固定成本，也就是即使企业连一个产品都不生产也必须支付的成本。对变动成本和固定成本的定义必须是在一定的会计期间内，而且与特定的生产经营活动相关联。

例如，假设上汽集团为生产荣威550型轿车订购特定型号的前挡风玻璃，每辆轿车需要1块，每块价格1 600元。那么，其产量和前挡风玻璃这种配件的成本关系如表1-2所示。

表1-2　轿车变动成本与产量间的关系

荣威550型轿车的产量（辆） （1）	荣威550型轿车前挡风玻璃的 单位变动成本（元/辆）（2）	总变动成本（元） （3）＝（1）×（2）
1	1 600	1 600
1 000	1 600	1 600 000
1 500	1 600	2 400 000
1 800	1 600	2 880 000

很显然，汽车前挡风玻璃的成本是一项变动成本。因为其总变动成本（见表1-2第3列）的变化与产量（见表1-2第1列）的变化成正比。值得注意的

是，单位变动成本（见表 1-2 第 2 列）却保持不变。因此，变动成本的性质可以归纳为，在一定的会计期间内，变动成本总额与产量或生产经营活动数量成正比，而单位变动成本却保持不变。

又如，假设生产荣威 550 型轿车的上汽集团某车间每年支付给工厂管理层的薪酬总额为 2 000 000 元，这些管理人员只负责该产品的生产。那么，工厂管理层的薪酬与产量之间的关系如表 1-3 所示。

表 1-3 工厂管理层的薪酬与产量间的关系

荣威 550 型轿车生产车间的管理层年薪酬总额（元）（1）	荣威 550 型轿车的年产量（辆）（2）	每辆荣威 550 型轿车分摊的生产管理层薪酬成本（元）（3）=（1）÷（2）
2 000 000	1	2 000 000
2 000 000	1 000	2 000
2 000 000	1 500	1 333
2 000 000	1 800	1 111

可见，荣威 550 型轿车的生产管理成本是一项固定成本。因为无论每年生产多少辆该型号的轿车，都必须支付 2 000 000 元的管理层薪酬。哪怕工厂一辆轿车都不生产，还是必须要支付给管理层员工一年 2 000 000 元的总薪酬。所以，这项成本与产量无关，在一年的会计期间内是固定的。值得注意的是，固定成本虽然在会计期间内保持不变，但是单位产品所分摊到的固定成本却随着产量的增加而减少。也就是说，当我们要计算分摊给每辆轿车的管理成本时，随着工厂产量的增加，每辆轿车分摊到的固定成本就会减少（见表 1-3 第 3 列）。因此，固定成本的性质可以归纳为，在一定的会计期间内，固定成本总额保持不变，与产量或生产经营活动数量无关，而分摊给单位产品的固定成本则随着产量的增加而减少，如图 1-2 所示。

五、成本动因

成本动因是一个变量，是直接导致特定成本项目的产生或直接影响特定成本项目金额大小的变量。生产经营活动（任务、项目、作业）的水平或数量就是成本动因。例如，汽车制造企业整车装配流水线上，直接材料成本的成本动因是装配完成的整车数量，因为装配完成的整车数量越多，耗费的直接材料成本就越

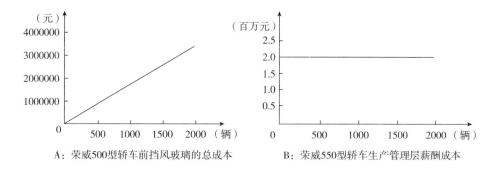

A：荣威500型轿车前挡风玻璃的总成本　　　　B：荣威550型轿车生产管理层薪酬成本

图 1-2　变动成本和固定成本的特性

多。搬运费的成本动因是被搬运的物品的体积大小，因为搬运的体积越多，叉车等搬运工具耗费的时间越长，成本就越多。产品研发成本的成本动因是该研发项目的研发数量，如果研发更新换代了老产品，那么设计更新各项功能的数量就是成本动因，因为更新的功能越多，投入的研发成本就越大。

变动成本的成本动因是与变动成本金额成正比变化的变量。例如，汽车前挡风玻璃成本的成本动因是装配的整车数量。如果装配流水线上的工人按小时计算工资，那么该流水线的直接人工成本的成本动因就是装配的小时数。

短期固定的成本在短期内没有成本动因，然而从长期来看就可能存在成本动因。例如，产品的质量检测成本包含检测设备的成本和检测人员的薪酬。这两项成本一般都相对固定，所以在 1 年以内的会计期间内通常被视为固定成本，不会因为检测产品的数量变化而变化。但从长期来看，企业的检测部门必然要增加或减少检测设备和人员，以适应企业产量的变化。因此从长期来看，产量是企业的质量检测成本的成本动因。

在制造企业中，检测、设计、机械调试等生产经营活动的成本可以通过更细化的作业成本计算法进行较为精确的成本计算。这部分内容将在第十一章中详述。

六、制造型企业的成本项目及其与财务会计报表的关系

制造型企业的成本会计是企业会计信息系统中的一环，不仅应用于企业的内部成本管理和决策，还为企业编制财务会计报表提供必不可少的会计信息。因此，成本会计也是企业财务报表一个重要的组成部分。制造型企业的成本项目与财务会计报表之间的关系如图 1-3 所示。

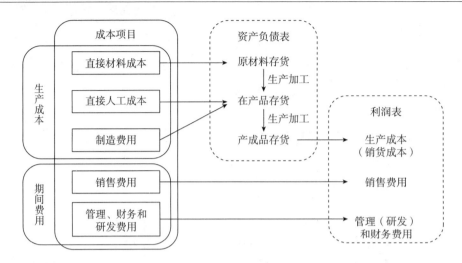

图1-3 制造型企业的成本项目与资产负债表及利润表之间的关系

制造型企业的成本项目包含生产成本和期间费用，生产成本通过三大存货，即原材料、在产品和产成品转移到资产负债表中。直接材料成本转移至原材料存货，然后企业投入直接人工成本和制造费用进行生产制造之后，原材料转变成在产品，在产品通过进一步的加工转变成产成品。产成品则通过企业的销售活动创造收益，因此产成品的成本转入利润表成为销货成本。另外，期间费用则直接转入利润表，反映在利润表之中除去销货成本之外的成本项目中，一般包括销售费用、管理费用、财务费用和研发费用。根据企业的不同情况，有时研发费用作为管理费用的一部分进行核算。

第三节 制造型企业成本核算的一般流程

一、成本核算的要求

（一）算为管用，算管结合

"算为管用"就是成本核算应为企业的经营管理服务，为企业的各项经营决策提供成本会计信息。"算管结合"就是成本核算必须与加强企业的经营管理相结合，企业通过成本核算使其经营管理得到细化和加强。因此，企业的成本核算不仅要对各项成本费用进行事后的核算，还必须以国家有关会计法规、成本核算制度和企业的成本计划（或预算）为依据，加强对各项成本费用的支出的事前审核、事中控制，并及时反馈至企业的管理层。换言之，对于合法、合理、有利于企业提高经济效益和未来发展的成本费用支出，应该予以支持；反之，就应该坚决制止。

预算（Budget）是进行成本计划和控制的最有效的工具之一。对于脱离预算的差异（Variance），尤其是不利差异（Unfavorable Variance），应该进行预算差异分析并及时反馈到企业的管理层。预算的编制应该符合企业的实际情况，应该长短期预算相结合，积极推动滚动预算（Rolling Budget）的实施，从而使预算符合最新的市场需求和竞争条件，使企业的计划和控制更贴近市场。还有，对于企业生产经营活动中的一些可以标准化的活动，可以通过制定标准成本进行控制。

（二）正确区分各种费用

为了更准确地计算产品成本和属于企业日常经营的期间费用，成本核算要求正确区分下列费用界限。

第一，正确区分企业生产经营支出和营业外支出的界限，企业用于不同用途的支出，其列支的项目应该不同。非日常的生产经营性支出应列支营业外支出进行核算。例如，企业购买或建造固定资产的费用，应计入固定资产的买价或造价；固定资产盘亏损失、固定资产报废清理净损失等，应计入营业外支出，而不应计入生产成本或期间费用。凡不属于企业日常生产经营方面的支出，都不得计入生产成本或期间费用，即不得乱计成本。凡属于企业日常生产经营方面的支出，都应全部计入生产成本或期间费用，不得遗漏。

第二，正确区分生产成本和期间费用的界限。企业在正常的日常生产经营中发生的成本费用，应计入生产成本或期间费用。生产成本是发生在基本生产车间或辅助生产车间的各项成本费用，而期间费用则是在企业非生产部门中发生的，用于支持企业生产和销售活动所发生的各项成本费用。例如，与生产经营有关的企业管理层的餐饮支出可计入管理费用，而不得在生产费用中列支。

第三，正确区分各会计期间的费用界限。正确划分各期的费用界限有助于正确计算各期的损益。例如，本月中购买了原材料或零配件等"物"转移入库，但企业尚未支付货款即"钱"尚未转移。那么就应根据权责发生制原则，借记

"原材料"科目，贷记"应付账款"科目。当原材料投入使用时，再根据当期的出库单据，借记"基本生产成本"科目一级账和二级账"直接材料"科目，贷记"原材料"科目，对于当期发生的，但受益期在一年以上且持续收益多年的费用，应由本期和以后各期负担，计入"长期待摊费用"科目。另外，对于预付保险费、经营租赁的预付租金、预付报纸杂志费等，应按预付费用的性质分别计入有关成本项目。即属于企业行政管理部门为管理企业而发生的应计入"管理费用"科目；属于企业生产部门（或车间）为生产产品或提供劳务而发生的应计入"制造费用"科目；属于企业销售环节上发生的应计入"销售费用"科目。预付上述款项时，应借记"管理费用""制造费用""销售费用"等科目，贷记"银行存款"等科目。

第四，正确区分在产品和产成品的费用界限。月末进行产品成本核算时，如果产品已完工，各项费用之和即该产成品的产品成本。如果月末尚未完工，那么各项费用之和就是该在产品的月末在产品成本。如果月末既有产成品又有在产品，那么应将各项费用之和在在产品和产成品之间进行分配，分别计算在产品和产成品的月末成本。有关其分配方法——"约当产量法"将在第五章中详述。

第五，正确区分同一企业中各种不同产品之间的界限。现代企业通常生产多种类的产品，以满足日益增加的市场需求。因此，将应计入当月的各项生产成本必须在各种产品之间进行划分。凡属于某种产品单独发生的，应直接追溯，计入该产品的直接成本。凡属于几种产品共同发生的，称为间接成本，应采用适当的分配方法将间接成本分配给不同产品。如何将间接成本更精确地分配给不同产品的方法，我们将在第九章"作业成本法"中详述。

二、成本核算的主要会计科目

企业需要设置下列会计科目用于生产成本的核算：基本生产成本、辅助生产成本、制造费用、废品损失、长期待摊费用等科目。除此之外，还需要设置销售费用、管理费用、财务费用科目用于期间费用的核算。

（一）"基本生产成本"会计科目

"基本生产成本"会计科目用于归集企业为生产产品所投入的"直接材料""直接人工""燃料和动力"和"制造费用"。该科目的借方登记企业为进行基本生产而发生的各项费用，贷方登记转出的完工入库的产品成本。余额在借方，表示基本生产活动中的尚未完工的在产品成本，即基本生产在产品所占用的资金。

"基本生产成本"会计科目应该按照产品品种、产品批别或类别、产品生产流程等成本对象设置"基本生产成本二级账（明细账）"（或产品生产成本明细账产品成本计算单据），账内按照产品成本项目分设专栏或专行，如表1-4和表1-5所示。

表1-4　基本生产成本二级账

车间：第一车间　　　　　　　　　　　　　　　　　　　　单位：元

月	日	摘要	成本项目			合计
			直接材料	直接人工	制造费用	
3	31	在产品费用	55 000	60 000	30 000	145 000
4	30	本月投入的生产费用	105 000	124 000	43 000	272 000
4	30	生产费用合计	160 000	184 000	73 000	417 000
4	30	本月完工产品成本	112 000	130 000	48 000	290 000
4	30	在产品费用	48 000	54 000	25 000	127 000

表1-5　产品生产成本明细账

产品：甲产品　　　　　　　　　　　　　　　　　　　　单位：元

月	日	摘要	产量（件）	成本项目			合计
				直接材料	直接人工	制造费用	
3	31	在产品费用		55 000	60 000	30 000	145 000
4	30	本月投入的生产费用		105 000	124 000	43 000	272 000
4	30	生产费用合计		160 000	184 000	73 000	417 000
4	30	本月完工产品成本	1 000	112 000	130 000	48 000	290 000
4	30	完工产品单位成本		112	130	48	290
4	30	在产品费用		48 000	54 000	25 000	127 000

（二）"辅助生产成本"会计科目

辅助生产成本发生在企业的辅助生产部门。辅助生产部门是为基本生产部门提供生产服务的部门。例如，供配电部门、供水部门，运输部门、餐饮部门、医疗部门等。在大型国有企业里，辅助生产部门通常规模庞大，本身就类似于一个企业。因此，一些辅助生产部门不仅面向自身企业提供产品或服务，同时也面向外部市场，按照市场价格提供产品或服务。但只要这不是它的主要业务，不进行独立核算，那么就应该视为辅助生产部门进行会计账务处理。如果辅助生产部门独立核算，那么就等同于独立的分支机构，单独设置会计科目。

企业应该设置"辅助生产成本"会计科目。该科目的借方登记为进行辅助生产而发生的各种费用；贷方登记供应给基本生产车间的产品或服务（或劳务）的分配转出的成本；余额在借方，表示辅助生产在产品的成本，即辅助生产在产品所占用的资金。"辅助生产成本"科目应该按照辅助生产部门（车间）、提供的产品或劳务设置明细分类账，账中按照辅助生产的成本项目或费用项目分设专栏或专行进行明细登记。

（三）"制造费用"会计科目

"制造费用"会计科目用于归集核算企业发生的各项制造费用。该科目的借方登记实际发生的各项制造费用；贷方登记分配转出的制造费用；除季节性生产企业之外，该科目应无期末余额。"制造费用"科目应该按照部门（车间）设置明细分类账，账内按照各项费用项目设置专栏进行明细登记。

（四）"废品损失"会计科目

"废品损失"会计科目用于单独核算废品损失。经常性发生较大数量废品的企业有必要单独设置该科目进行归集和核算。该科目的借方登记不可修复废品的生产成本和可修复废品的修复费用；贷方登记废品的残余价值、残料废料回收的价值、应收的赔款以及转出的废品净损失；该科目应无期末余额。"废品损失"科目应该按照部门或车间设置明细分类账，账内按产品品种分设专户，并按照成本项目设置专栏或专行进行明细登记。

（五）"长期待摊费用"会计科目

"长期待摊费用"会计科目用于核算企业中已经支付，但应由本期和以后各期共同负担的成本，且摊销期在一年以上（不含一年）的各项费用。该科目的借方登记实际支付的各项长期待摊费用；贷方登记分期摊销的长期待摊费用；余额在借方，表示企业尚未摊销的各项长期待摊费用的摊余价值。"长期待摊费用"科目应按照费用的种类设置明细分类账进行明细核算。

（六）"销售费用"会计科目

"销售费用"会计科目用于归集并核算企业在产品销售过程中所发生的各项费用，以及为销售本企业的产品而专设的销售机构的各项经费。该科目的借方登记实际发生的各项产品的销售费用；贷方登记期末转入"本年利润"科目的产品销售费用；期末结转后该科目应无余额。

（七）"管理费用"会计科目

"管理费用"会计科目用于归集并核算企业的行政管理部门为组织和管理生产经营活动而发生的各项管理性支出。该科目的借方登记发生的各项管理费用；货方登记期末转入"本年利润"科目的管理费用；期末结转后该科目应无余额。

（八）"财务费用"会计科目

"财务费用"会计科目用于归集并核算企业为筹集生产经营所需的资金而发生的费用。该科目的借方登记发生的各项财务费用；贷方登记应冲减财务费用的利息收入、汇兑收入以及期末转入"本年利润"科目的财务费用；期末结转后该科目应无余额。

三、成本核算的一般流程

成本核算的一般流程是指成本会计人员对企业在生产经营过程中发生的各项成本费用，按照成本核算的要求，逐步进行归集和分配然后计算出各种产品的成本和各项期间费用，最终转入会计报表的相关项目中（如资产负债表中的存货，利润表中的各成本和费用项目），并被应用于企业经营管理决策以及计划控制的基本过程。

成本核算的一般流程可归纳如下：

第一，对企业的各项成本费用支出进行审校和控制，区分并确定各成本费用项目，并分别计入"生产成本"或"期间费用"科目。

第二，将应该计入本月产品的生产成本中所包括的各项生产费用，在各种产品之间进行归集和分配，计算出各种不同种产品的生产成本。即将本月的生产费用进行横向分配后归集，最终计算出各种产品的生产成本。

第三，当期末既有在产品又有完工产品（产成品）时，要将该产品的生产费用在产品和完工产品之间进行分配，分别计算出期末该产品的在产品的成本和完工产品的成本。

 本章小结

本章详细介绍了成本会计的基本概念。首先，从企业组织出发，详述了企业组织的类型、存货的类型。其次，对成本的基本概念进行详细的整理和分类。制造型企业的成本项目基本可分为两大类，即生产成本和期间费用。生产成本主要包括直接材料、直接人工和制造费用；期间费用主要包括销售费用、管理费用和财务费用，研发费用可根据企业情况单列或包含在管理费用之中核算。企业的这些成本项目可分为直接成本和间接成本、变动成本和固定成本、主成本和加工成本。成本动因是导致成本发生的重要概念，需要理解掌握。最后，本章概括了制造型企业成本核算和账务处理的一般流程。

练习题

东方公司是一家以生产办公家具为主的制造企业，主要销往国内市场。该公司 2011 年度的相关财务数据如下：

用于打磨家具的砂纸消耗	2 000 元
购进木材的预处理成本	60 000 元
设备的润滑油和冷却剂	5 000 元
当期 500 张 A 型办公桌耗费木材	65 000 元
当期 500 张 A 型办公桌耗费金属件	25 000 元
车间一线劳动工人薪酬	1 100 000 元
厂房年租金	104 000 元
设备累计折旧	36 000 元
促销广告投放费	60 000 元
推销员销售提成	100 000 元
配送费用	76 000 元
售后服务成本	90 000 元
公司董事办公室餐饮费	8 000 元

作为该企业的成本会计人员，请区分直接成本、间接成本；生产成本、期间费用；并请区分生产成本中的直接材料、直接人工和制造费用。哪些是主成本？哪些是加工成本？哪些是变动成本？哪些是固定成本？哪些成本通过存货核算后反映在年度资产负债表中？哪些通过本年利润核算后反映在年度利润表中？

第二章
要素费用核算

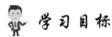 **学习目标**

1. 了解直接材料费用、外购动力费用、直接人工费用成本项目的内容。
2. 理解直接材料费用、外购动力费用、直接人工费用的确认和计量方法。
3. 掌握直接材料费用、外购动力费用、直接人工费用的归集和分配原理。

第一节　直接材料费用的核算

产品成本中的直接材料费用，是指构成产品实体的原材料以及有助于产品形成的主要材料和辅助材料，包括生产工艺过程中直接消耗的原材料、辅助材料、外购半成品、包装材料等。

一、直接材料费用的归集

直接材料费用的归集就是要计算本期耗用材料的总成本，进行材料发出的核算。归集材料成本要求正确计算产品生产过程中材料消耗的数量和价格。正确计量各种材料的发出数量及发出材料的单位成本是保证材料费用归集顺利进行的基础。

（一）材料数量的计算

材料数量的计算有两种方法：一是永续盘存制；二是实地盘存制。

1. 永续盘存制

永续盘存制是指每次收入发出材料时，都根据有关收料、发料凭证的数量计入材料明细账，在材料明细账中能够随时计算出材料结存数量。

2. 实地盘存制

实地盘存制是指每次材料发出时都不做记录，材料发出（消耗）数量是根据期末实地盘点确定结存数量以后倒挤出来的。材料消耗量的计算公式为：

本期材料消耗量 = 期初结存材料数量 + 本期收入材料数量 − 期末结存材料数量

（二）材料价格的计算

在实际工作中，材料的日常收发有按实际成本计价和按计划成本计价两种核算方式。因此，各期发出材料成本的归集计算分为两种情况。

1. 按实际成本计价发出材料的核算

材料日常收发核算按实际成本计价时，发出材料的成本与入库材料成本一样，都应按材料的实际成本计价，其实际成本即为材料的采购成本或自制完工入库材料的生产成本。如果同一种材料因为采购地点、采购数量、生产批次不同等原因造成的实际单位成本不一致，此时，发出材料的实际单位成本可按先进先出法、加权平均法、个别计价法等加以确定。

企业对于性质和用途相似的材料，应当采用相同的成本计算方法确定发出材料的成本。发出材料成本的计算方法一经确定，不得随意变更；如需变更，应当按照规定履行相关批准和备案手续。企业确定发出材料成本所采用的方法，应当在会计报表附注中披露。

2. 按计划成本计价发出材料的核算

企业采用计划成本进行材料核算时消耗材料的成本仍应当是实际成本。这时应单独核算材料实际成本与计划成本之间的差异，正确计算发出材料应负担的材料成本差异，将消耗材料的计划成本调整为实际成本。材料实际成本等于计划成本加上应分摊的成本差异。

二、直接材料费用的分配

直接用于产品生产构成产品实体的原材料费用，在产品成本中一般占有较大的比重。按照重要性原则，在产品成本明细账中设有单独的成本项目，即"直接材料"成本项目，如果是生产一种产品领用的原材料费用，属于直接计入费用，可以直接计入该种产品成本的"直接材料"成本项目；如果是生产几种产品共同消耗的原材料费用，属于间接费用，应采用既合理又简便的分配方法，在各种产品之间进行分配，再计入各种产品成本的"直接材料"成本项目。

直接材料费用的分配标准很多，既可以按照产品的重量、体积比例分配；也可以采用系数分配法；在材料消耗定额管理基础较好的企业，还可以按照产品的定额消耗量的比例或材料定额费用的比例分配。

（一）重量分配法

重量分配法是以各种产品的重量为标准来分配材料费用的方法。如果企业生产的几种产品共同耗用同种材料，耗用量的多少与产品重量又有直接联系，可以选用重量分配法。其计算公式如下：

材料费用分配率 = 各种产品共同耗用的材料费用总额 ÷ 各种产品的重量之和

某种产品应分配的材料费用 = 该种产品的重量 × 材料费用分配率

【例2-1】宇光工厂第一车间生产A、B、C三种产品，根据耗用材料汇总表，6月三种产品共同耗用甲材料120 000元；根据产量记录，本月三种产品的净重分别为1 000千克、2 000千克、3 000千克。采用重量分配法，A、B、C三种产品的材料费用计算如下：

（1）材料费用分配率 = 120 000 ÷（1 000 + 2 000 + 3 000）= 20

（2）A产品应分配的甲材料费用 = 1 000 × 20 = 20 000（元）

　　　B产品应分配的甲材料费用 = 2 000 × 20 = 40 000（元）

　　　C产品应分配的甲材料费用 = 3 000 × 20 = 60 000（元）

编制材料费用分配表，如表2-1所示。

表2-1　宇光工厂材料费用分配表

产品名称	产品重量（千克）	分配率	分配金额（元）
A产品	1 000		20 000
B产品	2 000		40 000
C产品	3 000		60 000
合计	6 000	20	120 000

（二）消耗定额标准分配法

消耗定额是指单位产品可以消耗的效量限额。定额消耗量是指在定产量下按照消耗定额计算的可以消耗的数量。费用定额是消耗定额和定额消耗量的货币表现。原材料费用定额原材料消耗定额和原材料定额消耗量的货币表现；工时定额是工时消耗定额和工时定额消耗量的货币表现。

1. 定额消耗量比例分配法

按原材料定额消耗量比例分配原材料费用，首先应计算各种产品原材料定额消耗量；其次计算单位产品的原材料定额消耗量应分配原材料实际消耗量（原材料消耗量分配率）；再次计算各种产品应分配的原材料实际消耗量；最后计算出各种产品应分配的原材料实际费用。计算公式如下：

某产品原材料定额消耗量 = 该产品实际产量 × 单位产品原材料定额消耗量

原材料消耗量分配率 = 原材料实际耗用总量 ÷ 各种产品原材料定额耗用量之和

某产品分配的原材料数量 = 该产品原材料定额耗用量 × 原材料消耗量分配率

某产品分配的原材料费用 = 该产品分配的原材料数量 × 原材料实际单价

【例2-2】宇光工厂第二车间生产 D、E 两种产品，6月共同领用乙材料4 950千克，每千克15元。本月投产 D 产品170件，产品210件；原材料定额消耗量分别为 D 产品20千克，E 产品10千克。按定额消耗量比例分配法，D、E 两种产品的材料费用计算如下：

（1）D 产品原材料定额消耗量 = 170 × 20 = 3 400（千克）

E 产品原材料定额消耗量 = 210 × 10 = 2 100（千克）

（2）原材料消耗量分配率 = 4 950 ÷（3 400 + 2 100）= 0.9

（3）D 产品分配的乙材料数量 = 3 400 × 0.9 = 3 060（千克）

E 产品分配的乙材料数量 = 2 100 × 0.9 = 1 890（千克）

（4）D 产品分配的乙材料费用 = 3 060 × 15 = 45 900（元）

E 产品分配的乙材料费用 = 1 890 × 15 = 28 350（元）

编制材料费用分配表，如表2-2所示。

按此方法分配原材料费用，可以同时考核各种产品原材料消耗定额的执行情况，有利于进行原材料消耗的数量管理，但分配计算的工作量过大。为了简化分配的计算工作，也可以采用按原材料定额消耗量比例直接分配原材料费用的方法。

表2-2　乙材料费用分配表（定额消耗量比例分配法）

产品名称	投产量（件）	单位产品定额（千克/件）	产品总定额（千克）	耗用量分配率	实际耗用总量（千克）	材料单价（元）	材料费用（元）
D产品	170	20	3 400		3 060		45 900
E产品	210	10	2 100		1 890		28 350
合计			5 500	0.9	4 950	15	74 250

按原材料定额消耗量比例直接分配原材料费用，先计算各种产品原材料定额消耗量。其次，计算单位产品原材料定额消耗量应分配的原材料费用（原材料消耗量的费用分配率）；再计算各种产品应分配的实际原材料费用。

【例2-3】仍以【例2-2】的资料为例，产品的材料费用分配如表2-3所示。

表2-3　乙材料费用分配表（定额消耗量比例直接分配法）

材料名称：乙材料　　　　　　2016年6月

产品名称	投产量（件）	单位产品定额（千克/件）	产品总定额（千克）	材料费用分配率	材料费用（元）
D产品	170	20	3 400		45 900
E产品	210	10	2 100		28 350
合计			5 500	13.5	74 250

上述两种分配方法计算结果相同，但后一种分配方法不能提供各种产品原材料实际消耗量资料，不利于进行原材料消耗量的管理。

2. 定额费用比例分配法

按原材料定额费用比例分配原材料费用，首先，计算各种产品原材料定额费用；其次，计算单位产品的原材料定额费用应分配原材料实际费用（原材料费用分配率）；最后，计算出各种产品应分配的实际原材料费用。

计算公式如下：

某产品原材料定额费用=该产品实际产量×单位产品原材料费用定额

原材料费用分配率=各种产品原材料实际费用总额÷各种产品原材料定额费用总额

【例2-4】宇光工厂第三车间生产F、G两种产品，6月共同耗用丙、丁两种材料，总额38 280元，耗用量无法按产品划分。本月有关材料定额资料如表2-4所示。

表2-4　宇光工厂材料定额资料

2016年6月

产品名称	实际产量（件）	材料名称	单位产品材料消耗定额（千克）	材料计划单价（元）
F	500	丙	10	3
		丁	5	2
G	400	丙	7	3
		丁	8	2

按定额费用比例分配法，F、G两种产品的材料费用计算如下：

（1）F产品原材料定额费用 = 500×（10×3 + 5×2）= 20 000（元）

G产品原材料定额费用 = 400×（7×3 + 8×2）= 14 800（元）

（2）原材料费用分配率 = 38 280÷（20 000 + 14 800）= 1.1

（3）F产品应分配的原材料费用 = 20 000×1.1 = 22 000（元）；G产品应分配的原材料费用 = 14 800×1.1 = 16 280（元）。另外由于丙、丁两种材料耗用量无法按产品划分，那么计算出F产品和C产品的材料费用之后，可以将该材料费用按照丙材料和丁材料的单耗量分配。即：

F产品耗用丙材料费用 = 22 000÷（10×3 + 5×2）×10×3 = 16 500（元）

F产品耗用丁材料费用 = 22 000 - 16500 = 5500（元）

G产品耗用丙材料费用 = 16 280 +（7×3 + 8×2）×7×3 = 9 240（元）

G产品耗用丁材料费用 = 16 280 - 9240 = 7 040（元）

丙材料费用 = 16 500 + 9 240 = 25 740（元）

丁材料费用 = 5 500 + 7 040 = 12 540（元）

在各种产品共同耗用原材料的种类较多的情况下，采用此法分配材料费用可简化分配计算工作，但不能同时考核材料消耗定额的执行情况。

三、直接材料费用分配的账务处理

企业的"材料发出汇总表"汇集了全部材料费用，"材料费用分配表"对共同耗用的材料有了分配结果。

材料费用分配的账务处理按领料用途分配：生产车间领料用于生产产品的，计入"生产成本"。单独计入相关产品生产成本明细账；生产车间领料用于一般耗用的，计入"制造费用"；领料用于大型固定资产建造用途的，应计入"在建工程"；领料用于无形资产研发的，应计入"研发支出"；企业管理部门以及专设销售机构耗用的材料费用，应计入"管理费用""销售费用"明细账的相应费用项目。

第二节　外购动力费用的核算

外购动力费用是指企业为从事生产经营活动从外部购买各种动力而支付的费用，如电力费、热力费、煤气费等。

一、外购动力费用的归集

外购动力费用的归集就是确定本期外购动力费用的发生额。工作中，一般以计量仪器仪表所显示的用量乘以供应单价来计算应支付给供应单位的款项，即为本期耗费的外购动力费用发生额。

二、外购动力费用的分配

实际工作中，各车间、部门的动力使用一般都分别装有计量仪器，因此，应根据各部门、各产品计量仪器所显示的耗用动力数量和单价进行核算。当企业生产多种产品而没有分产品安装仪表时，外购动力费用需要在各种产品（各成本核算对象）之间进行分配。外购动力费的分配方法主要有生产工时分配法、机器工时分配法、定额耗用量分配法等。

【例2-5】铭金公司基本生产车间A、B两种产品本月直接耗用外购动力费用6 750元，没有分产品安装仪表。本车间按机器工时比例分配动力费用，本月各产品耗用机器工时分别为A产品6 000小时、B产品7 500小时，则外购动力费用分配情况计算如下：

外购动力费用分配率 = 6 750 ÷ （6 000 + 7 500） = 0.5

A 产品负担的外购动力费用 = 6 000 × 0.5 = 3 000（元）

B 产品负担的外购动力费用 = 7 500 × 0.5 = 3 750（元）

三、外购动力费用分配的账务处理

期末，会计人员应根据本期外购动力费用发生额及有关仪表记录、工时记录等编制"外购动力费用分配表"，并据以编制会计分录，登记有关成本、费用的账户及其明细账。外购动力费用应按用途进行分配：凡是直接用于产品生产的动力费用，如生产工艺用电力，应该单独计入相关产品生产成本明细账的"燃料及动力"成本项目（如企业未专设"燃料及动力"成本项目，则用于基本生产的动力费用计入"基本生产成本"相关明细账中）；用于辅助生产的外购动力费用，计入各辅助生产成本明细账；基本生产车间一般耗用的外购动力费用，如照明用电力，应计入"制造费用"项目；企业管理部门及专设销售机构一般耗用的外购动力费用，应计入"管理费用""销售费用"明细账的相应费用项目。

【例 2-6】铭金公司本月的外购动力费用分配如表 2-5 所示。

表 2-5　铭金公司外购动力费用分配表　　　　　　　　单位：元

受益部门对象		直接计入电费	分配计入电费	合计
基本生产车间	A 产品		3 000	3 000
	B 产品		3 750	3 750
	车间一般耗用	4 000		4 000
辅助生产车间	机修车间	1 500		1 500
	运输车间	1 200		1 200
管理部门		5 600		5 600
销售部门		2 200		2 200
合计		14 500	6 750	21 250

根据动力费用分配表，编制如下会计分录：

借：基本生产成本——A 产品　　　　　　　　　　　　　3 000

　　　　　　　　——B 产品　　　　　　　　　　　　　3 750

　　制造费用——基本生产车间　　　　　　　　　　　　4 000

　　辅助生产成本——机修车间　　　　　　　　　　　　1 500

　　　　　　　　——运输车间　　　　　　　　　　　　1 200

管理费用	5 600
销售费用	2 200
贷：应付账款（或银行存款）	21 250

第三节　直接人工费用的核算

产品成本中的直接人工费用是指直接从事产品生产的生产工人的职工薪酬。职工薪酬是指企业为获得职工提供的服务而给予的各种形式的报酬及其他相关支出。

一、职工薪酬的种类

（一）短期薪酬

短期薪酬是指企业在职工提供相关服务的年限报告期间结束后 12 个月内需要全部予以支付的职工薪酬，因解除与职工的劳动关系给予的补偿除外。具体包括：职工工资、奖金津贴和补贴；职工福利费；医疗保险费、工伤保险费和生育保险费等社会保险费；住房公积金；工会经费和职工教育经费；短期带薪缺勤；短期利润分享计划；非货币性福利以及其他短期薪酬。

（二）离职后福利

离职后福利是指企业为获得职工提供的服务而在职工退休或与企业解除劳动关系后，提供的各种形式的报酬和福利，短期薪酬和辞退福利除外。

（三）辞退福利

辞退福利是指企业在职工劳动合同到期之前结束与职工的劳动关系，或者为鼓励职工自愿接受裁减而给予职工的补偿。

（四）其他长期职工福利

其他长期职工福利是指除短期薪酬、离职后福利、辞退福利之外所有的职工薪酬，包括长期带薪缺勤、长期残疾福利、长期利润分享计划等。

根据考勤记录、产量记录和其他有关凭证计算当期工资总额、职工福利费，并根据用途在部门和产品之间分配是人工费用核算的主要内容。

二、直接人工费用的归集

（一）工资总额的计算

工资费用是指企业根据职工的劳动成果，以货币形式支付给职工的工资，以及按规定比例从费用中提取的职工福利费。工资费用的计算是工资费用归集和分配的基础，也是企业与职工之间进行工资结算的依据。

1. 计时工资的计算

计时工资是根据考勤记录和规定的工资标准计算每位职工应得的工资额。按具体的计算方法不同，计时工资的计算又分为月薪制和日薪制两种。

（1）月薪制。月薪制下计时工资是根据职工的标准工资扣除缺勤工资计算的，其特点是无论大月还是小月，只要职工当月出满勤，就可以得到固定的月标准工资。其计算公式如下：

应付计时工资 =（月标准工资 – 缺勤天数）×日工资率

其中，月标准工资可以根据工资卡片的记录取得，缺勤天数可以根据考勤记录取得，日工资率的计算通常有两种方法：

1）每月固定按 30 日计算日工资率，则：

日工资率 = 月标准工资 ÷ 30

在这种日工资率下，法定节假日视同出勤，应计付工资，但事假、病假等缺勤期间的节假日也视为缺勤，扣发工资。在职工的月标准工资未发生变动的前提下，其各月的日工资率总是相等的。

2）每月按 20.83 天计算日工资率，则：

日工资率 = 月标准工资 ÷ 20.83

其中，20.38 是根据年日历日数 365 天减去 104 个双休日和 11 个法定节假日，再除以 12 个月算出的月平均工作天数。这种日工资率下，法定节假日不付工资，因而缺勤期间的节假日不扣工资。只要职工的月标准工资不变，各月的日工资率也是相等的。

【例 2 – 7】出纳小李的月标准工资为 3 000 元，8 月出勤 20 天病假 2 天，事假 1 天，缺勤期间无法定节假日，本月共 8 个休息日，其病假工资按 80% 计发，则月薪制下小李本月应得工资额计算如下：

（1）每月按 30 天计算。

日工资率 = 3 000 ÷ 30 = 100

缺勤工资 = 1 × 100 + 2 × 100 × (1 - 80%) = 140 （元）

月应得工资额 = 3 000 - 140 = 2 860 （元）

（2）每月按 20.83 天计算。

日工资率 = 3 000 ÷ 20.83 ≈ 144.02

缺勤工资 = 1 × 144.02 + 2 × 144.02 × (1 - 80%) ≈ 201.63 （元）

月应得工资额 = 3 000 - 201.63 = 2 798.37 （元）

（2）日薪制。日薪制是根据职工每月实际出勤天数和日工资率计算其应得工资额的方法。在日薪制下，由于各月日历天数不同，各月全勤工资也不同。每位职工当月应得工资额可按下式计算：

应付计时工资 = 出勤天数 × 日工资率

其中，日工资率可按月标准工资 30 天计算，也可按月标准工资 ÷ 20.83 天计算。但日工资率的计算方法不同，当月的出勤天数的计量方式也不同：如果日工资率按 30 天计算，则节假日应视为出勤计发工资，缺勤期间的节假日视为缺勤不发工资；如果日工资率按 20.83 天计算，则节假日不视为出勤，缺勤期间的节假日也不扣工资。

【例 2 - 8】日薪制下出纳小李本月应得工资额计算如下：

（1）按 30 天计算日工资率（日工资率 100）。

月应得工资额 = (20 + 8) × 100 + 2 × 100 × 80% = 2 960 （元）

（2）按 20.83 天计算日工资率（日工资率 144.02）。

月应得工资额 = 20 × 144.02 + 2 × 144.02 × 80% = 3 110.83 （元）

通过以上计算可以看出，不同的工资计算方法其计算结果不同，具体采用哪种方法，可由企业自行确定，但工资计算方法一旦确定，为保持会计资料的可比性，不得随意变更。

2. 计件工资的计算

计件工资是根据个人（或班组）完成的合格品数量乘以规定的计件单价计算支付的工资额。此外，生产中产生的废品，如果是由材料缺陷（料废）原因造成的，应按计件单价照付工资；如果是由加工失误（工废）造成的，则不付计件工资。其计算公式如下：

应付计件工资 = （合格品数量 + 料废数量）× 计件单价

其中，产量资料应以产量记录为依据，计件单价应根据单位产品的定额工时乘以该产品的小时工资率计算求得。计件工资按照结算对象不同，可分为个人计件工资和集体计件工资两种。

（1）个人计件工资的计算。个人计件工资是根据产量记录中每一个生产工人完成的产品产量乘以计件单价计算并支付给个人的报酬。如果某个工人在月份内生产几种产品且各种产品有不同的计件单价，则计算公式如下：

应付计件工资 =（某产品合格品数量 + 该产品料废数量）×该产品计件单价

值得注意的是，有些料废产品并不一定都是在完工以后发现的，如果中途质检发现料废应立即将其报废，这些料废产品没有完成整个加工过程，就不能按计件单价全额计算计件工资。对于这种情况，可根据料废产品所完成的定额工时折合约当产品产量，计算计件工资。

【例 2-9】车间工人小黄本月加工完成 A 产品 100 件，均为合格产品；完成 B 产品 200 件，其中合格品 190 件，工废品 2 件，料废品 8 件。A 产品的工时定额 20 分钟，B 产品工时定额 40 分钟。标准小时工资率为 15 元。该工人本月应得计件工资的计算结果如下：

A 产品计件单价 = 15 × 20 ÷ 60 = 5（元）

B 产品计件单价 = 15 × 40 ÷ 60 = 10（元）

小黄应得工资额 = 100 × 5 +（190 + 8）× 10 = 2 480（元）

（2）集体计件工资的计算。集体计件工资是根据集体完成的工作量乘以计件单价计算求得整个集体应得计件工资后，再采用适当的方法将其在集体成员内部进行分配的一种方法。集体计件工资的计算原理与个人计件工资相同，关键在于如何进行集体内部各成员之间的分配，既要考虑各成员工作技能的高低，又要考虑各成员工作时间的长短。因此，在分配时，可用各成员工作时间与其小时工资率的乘积（个人计时工资）作为分配标准进行集体内部计件工资的分配。

【例 2-10】其生产小组由甲、乙、丙三人组成，完成某项工程获得集体计件工资 18 000 元。该三人的工资标准分别为 15 元/小时、20 元/小时和 25 元/小时，工作时间分别为 140 小时、150 小时和 156 小时。三人计件工资分配计算如下：

分配率 = 18 000 ÷（15 × 140 + 20 × 150 + 25 × 156）= 2

甲工人应得工资 = 140 × 15 × 2 = 4 200（元）

乙工人应得工资 = 150 × 20 × 2 = 6 000（元）

丙工人应得工资 = 156 × 25 × 2 = 7 800（元）

3. 其他工资的计算

（1）工资总额中的奖金，包括生产奖、节约奖、劳动竞赛奖和其他奖，应根据企业内部的奖励制度进行计算。

（2）津贴和补贴。津贴包括岗位津贴、保健性津贴、技术性津贴和年终性津贴等，补贴包括副食品价格补贴、粮价补贴、煤价补贴等，应根据国家规定的种类和标准进行计算。

（3）加班加点工资，应按加班加点天数（或时数）乘以日工资率（或小时工资率）进行计算。

（4）特殊情况下支付的工资，包括按国家法律、法规和政策规定应支付给职工的工伤、病假、事假、产假、计划生育假、婚丧假、探亲假、定期休假、停工学习、执行国家和社会义务的工资以及支付给职工的附加工资、保留工资等，应按国家规定的标准考勤记录计算。

企业根据职工考勤记录和工作量记录等原始记录计算出应付工资后，要编制工资结算单，再按人员类别编制工资结算汇总表。

【例 2-11】四海公司 6 月的工资结算汇总如表 2-6 所示。

表 2-6　四海公司工资结算汇总表　　　　　　单位：元

人员类别		应付职工薪酬					合计
		计时工资	计件工资	奖金	津贴补贴	加班加点工资	
基本生产车间	产品生产工人	79 000		4 000	3 000	2 000	88 000
	车间管理人员	6 000		200			
企业管理部门		8 000					8 000
专设销售机构		1 600		400			2 000
合计		94 600		4 600	3 000	2 000	104 200

（二）职工福利费的计算

职工福利费是企业为承担职工个人方面的义务，而根据工资总额的 14% 计算提取的用于职工福利方面的开支。计算公式为：

本月应提取的职工福利费 = 该月应付的工资总额 × 14%

企业提取的职工福利费主要用于职工的医疗费，企业医护人员的工资、医务经费，职工因公负伤赴外地就医的路费，职工生活困难补助费，职工浴室、理发室、幼儿园、托儿所人员的工资，以及按照国家规定应由福利费用开支的其他支出。但其不能用于企业职工集体福利设施的投资支出，这类支出应由企业税后利润提取的公益金负担。

（三）社会保险费的计算

对医疗保险费、养老保险费（包括基本养老保险费和补充保险费）、失业保险费、工伤保险费和生育保险费等社会保险费，国家规定了计提基础和计提比例的，企业应当依据国家规定的标准计提。

【例2-12】根据有关规定，分别按照四海公司6月工资总额的8%、20%、2%、0.8%、0.8%的比例计提医疗保险费、养老保险费、失业保险费、工伤保险费和生育保险费，如表2-7所示。

表2-7　四海公司社会保险费计算表　　　　　　　　　单位：元

人员类别		工资总额	医疗保险费（8%）	养老保险费（20%）	失业保险费（2%）	工伤保险费（0.8%）	生育保险费（0.8%）	社会保险费合计
基本生产车间	产品生产工人	88 000.00	7 040.00	17 600.00	1 760.00	704.00	704.00	27 808.00
	车间管理人员	6 200.00	496.00	1 240.00	124.00	49.60	49.60	1 959.20
企业管理部门		8 000.00	640.00	1 600.00	160.00	64.00	64.00	2 528.00
专设销售机构		2 000.00	160.00	400.00	40.00	16.00	16.00	632.00
合计		104 200.00	8 336.00	20 840.00	2 084.00	833.60	833.60	32 927.20

（四）住房公积金、工会经费、职工教育经费的计算

住房公积金、工会经费、职工教育经费等，国家规定了计提基础和计提比例，企业应当依据国家规定的标准计提。

【例2-13】根据有关规定，分别按照四海公司6月工资总额的8%、2%和1.5%的比例计提住房公积金、工会经费和职工教育经费，如表2-8所示。

表2-8　四海公司住房公积金、工会经费和职工教育经费计算表　单位：元

人员类别		工资总额	住房公积金（8%）	工会经费（2%）	职工教育经费（1.5%）
基本生产车间	产品生产工人	88 000	7 040	1 760	1 320
	车间管理人员	6 200	496	124	93
企业管理部门		8 000	640	160	120
专设销售机构		2 000	160	40	30
合计		104 200	8 336	2 084	1 563

（五）应付职工薪酬汇总表的编制

为了进行分配结转本月职工薪酬的账务处理，企业应当根据各项薪酬的计算结果汇总编制应付职工薪酬汇总表。

【例2-14】四海公司6月应付职工薪酬汇总如表2-9所示。

表2-9　四海公司应付职工薪酬汇总　　　　　　　　　单位：元

人员类别		工资总额	福利费	社会保险费合计	住房公积金	工会经费	职工教育经费	合计
基本生产车间	产品生产工人	88 000	12 320	27 808.00	7 040	1 760	1 320	138 248.00
	车间管理人员	6 200	868	1 959.20	496	124	93	9 740.20
企业管理部门		8 000	1 120	2 528.00	640	160	120	12 568.00
专设销售机构		2 000	280	632.00	160	40	30	3 142.00
合计		104 200	14 588	32 927.20	8 336	2 084	1 563	163 698.20

三、直接人工费用的分配

生产工人的计件工资，属于直接计入费用，应根据工资结算凭证直接计入某种产品成本的"直接人工"成本项目。生产工人的计时工资应区别两种情况：为生产某一种产品而单独发生的计时工资，属于直接计入费用，应直接计入该种产品成本的"直接人工"成本项目；为生产多种产品而共同发生的工资，则属于间接计入费用，应按照产品的实际或定额生产工时比例等分配标准分配计入各种产品成本明细账的"直接人工"成本项目。按实际（或定额）生产工时比例分配计算公式如下：

$$工资费用分配率 = \frac{应分配的直接人工费用}{各种产品实际（或定额）生产工时之和}$$

某产品应分配工资费用 = 该产品生产工时 × 工资费用分配率

【例2-15】四海公司生产甲、乙、丙三种产品，本月甲、乙、丙三种产品耗用的定额工时分别为2 000小时、3 000小时和6 000小时。本月发生生产工人计时工资总额138 248元。按定额工时比例分配工资费用计算如下：

工资费用分配率 = 138 248 ÷ （2 000 + 3 000 + 6 000） = 12.568

甲产品应分配工资费用 = 2 000 × 12.568 = 25 136（元）

乙产品应分配工资费用 = 3 000 × 12.568 = 37 704（元）

丙产品应分配工资费用 = 6 000 × 12.568 = 75 408（元）

工资费用的分配应根据工资结算单和有关的生产工时等记录，通过编制"工资费用分配表"进行分配。根据工资费用分配表编制会计分录，登记有关账户及其明细账。四海公司的"工资费用分配表"如表 2 - 10 所示。

表 2 - 10　四海公司工资费用分配表

产品名称	生产工时	工资费用分配率	分配的工资费用
甲产品	2 000		25 136
乙产品	3 000		37 704
丙产品	6 000		75 408
合计	11 000	12. 568	138 248

四、直接人工费用分配的账务处理

工资费用的分配，应按用途在各受益对象之间分配：直接进行产品生产的生产工人的工资，应计入"基本生产成本"账户及所属明细账的"直接人工"科目；辅助生产工人的工资，应计入"辅助生产成本"账户及所属明细账的"直接人工"科目；分厂或车间等管理人员的工资应计入"制造费用"账户及所属明细账的"工资费用"科目；企业各职能部门管理人员的工资、专设销售机构人员的工资、医务及福利部门人员的工资以及在建工程人员的工资则应分别计入"管理费用""销售费用""应付职工薪酬""在建工程"账户及其所属明细账的"工资费用"科目。

【例 2 - 16】根据四海公司 6 月的应付职工薪酬汇总表（见表 2 - 9）和工资费用分配表（见表 2 - 11），编制分配结转本月职工薪酬的会计分录如下：

借：基本生产成本——甲产品　　　　　　　　　　　　　25 136.00

　　　　　　　　——乙产品　　　　　　　　　　　　　37 704.00

　　　　　　　　——丙产品　　　　　　　　　　　　　75 408.00

　　制造费用　　　　　　　　　　　　　　　　　　　 9 740.20

　　管理费用　　　　　　　　　　　　　　　　　　　12 568.00

　　销售费用　　　　　　　　　　　　　　　　　　　 3 142.00

贷：应付职工薪酬——工资	104 200.00
——福利费	14 588.00
——社会保险费	32 927.20
——住房公积金	8 336.00
——工会经费	2 084.00
——职工教育经费	1 563.00

本章小结

　　要素费用是按照生产费用要素归类反映的生产费用。工业企业通过编制生产费用计划，确定各项要素费用的计划数；通过编制生产费用表反映各项要素费用的实际数。根据各项要素费用的计划数和实际数，可以反映企业在一定时期内发生了哪些生产费用，数额各是多少，用以分析企业各个时期各种生产费用支出的水平。由于在要素费用中反映了原材料费用的实际支出，因而可以为核定企业流动资金定额和编制企业采购资金计划提供资料。

练习题

　　1. 成本会计岗位的小吴，月标准工资为 4 000 元，9 月出勤 21 天，病假 1 天，缺勤期间无法定节假日，本月共 8 个休息日，其病假工资按 80% 计发。

　　要求：在月薪制下，计算小吴本月应得工资额。

　　2. A 公司有一个基本生产车间，主要生产甲、乙、丙三种产品。辅助生产车间有供电车间和供气车间，辅助生产车间的费用直接计入"辅助生产成本"科目。A 公司的直接材料费用按产品的重量比例分配，直接人工费用按生产工时比例分配。

　　(1) 本月生产甲、乙、丙三种产品共同耗用 B 材料 10 200 元。甲、乙、丙产品重量分别为 300 千克、600 千克、800 千克。本月耗用 C 材料 12 000 元，其中，甲产品 3 000 元，乙产品 5 000 元，丙产品 1 000 元；基本车间一般耗用 500 元，供气车间 300 元，销售部门 400 元，其余的由管理部门领用。

　　(2) 本月甲、乙、丙三种产品生产工人的计件工资分别为 4 000 元、3 000 元、6 000 元；三种产品的计时工资总额为 70 350 元，工时分别为 200 小时、300 小时、550 小时。基本车间管理人员、供电车间人员、供气车间人员、销售人员管理人员的工资分别为 3 000 元、2 000 元、2 500 元、40 000 元、50 000 元。

[要求]

（1）分配 B 材料费用，并填写材料费用分配及汇总表（见表 2 - 11）。

（2）根据材料费用分配及汇总表，编制相关会计分录。

（3）分配人工费用，并填写人工费用分配及汇总表（见表 2 - 12）。

（4）根据人工费用分配及汇总表编制有关会计分录。

表 2 - 11　材料费用分配及汇总表

2016 年 6 月

领料部门		B 材料费用			C 材料费用（元）	材料费用合计（元）
		重量（千克）	分配率	分配金额（元）		
基本生产车间	甲产品					
	乙产品					
	丙产品					
	一般耗用					
辅助生产车间	供电车间					
	供气车间					
销售部门						
管理部门						
合计						

表 2 - 12　人工费用分配及汇总表

2016 年 6 月

项目/部门		计件工资（元）	计时工资			人工费用合计（元）
			工时（小时）	分配率	金额（元）	
基本生产车间	甲产品					
	乙产品					
	丙产品					
	一般耗用					
辅助生产车间	供电车间					
	供气车间					
销售部门						
管理部门						
合计						

第三章
辅助生产费用核算

学习目标

1. 了解辅助生产车间明细账的设置，理解直接分配法、顺序分配法、交互分配法、计划成本分配法和代数分配法的概念、特点、优点、缺点、适用范围。

2. 掌握顺序分配法分配的原则。

3. 实务操作方面，掌握直接分配法、顺序分配法、交互分配法、计划成本分配法和代数分配法的计算过程和账务处理。

第一节 辅助生产费用的归集

一、辅助生产费用核算的概念及内容

现代企业的生产，按其生产工艺过程可分为基本生产和辅助生产两类。基本生产主要表现在产品生产的车间，如水泥厂的原料车间、烧成车间、制成车间。

（一）辅助生产车间的概念

辅助生产车间主要是为基本生产车间企业行政管理部门和其他部门提供辅助产品和劳务的车间，如水泥厂的供水车间、供电车间、机修车间和运输车队。供电车间是保证产品生产时的电力供应，机修车间是保证主要车间的设备正常运转。

辅助生产，根据它所生产的辅助产品提供劳务作业的品种，可分为两种类型：一类是只生产一种产品或只提供一种劳务的辅助生产称为单产品辅助生产，如供电、供水、供风、供气、运输等；另一类是生产多种产品或提供多种劳务的辅助生产，称为多品种辅助生产，如机械修理、工具及模具制造等。

辅助生产车间在辅助产品生产和劳务供应过程中所耗费的各种生产费用，称为辅助生产费用。辅助生产车间生产的产品和提供的劳务，被基本生产车间的产品耗用、基本生产车间一般耗用以及行政管理部门耗用后，辅助生产费用应当最终分配转入基本生产成本、制造费用、管理费用等。

（二）辅助生产费用核算的主要内容

按辅助生产车间归集辅助生产车间生产产品和提供劳务所发生的费用，正确归集各种劳务数量，如工时数、供电度数、供气数量等。

将辅助生产所发生的费用，期末按一定的分配标准在各受益对象之间进行分配。

填制辅助生产费用分配表，并进行正确的账务处理。辅助生产车间生产的产品和提供劳务的成本，最终由各受益产品和部门负担，因此，其费用的高低对企业基本生产产品成本和各项期间费用有直接的影响，而且只有在辅助生产费用分配之后，才能计算基本生产产品成本。所以，正确、及时地组织生产费用的归集和分配，对于加强成本管理、组织产品成本计算具有重要意义。

二、辅助生产费用归集的方法

辅助生产费用的归集是指将辅助生产车间为提供辅助产品和劳务所发生的各种生产费用归集到辅助生产成本多栏明细账。该明细账按不同的辅助生产车间分别设置，如机修车间、供电车间、供气车间等。

辅助生产费用归集有以下两种方法。

（一）设置制造费用明细账的辅助生产费用归集

为反映辅助生产车间的各项生产费用，需要设置"辅助生产成本"和"制造费用"账户。

"辅助生产成本"账户应按车间以及产品或劳务的种类设置明细账，账内按照成本项目或费用项目设置专栏进行明细核算，如按直接材料、直接人工、制造费用等成本项目设置。对于设置"制造费用"账户的辅助生产车间，发生的制造费用应计入"制造费用——辅助生产车间"账户的借方进行汇总，月末从"制造费用——辅助生产车间"账户的贷方直接转入或分配转入"辅助生产成本"账户的借方，计算辅助生产的产品或劳务的成本。

（二）不设置制造费用明细账的辅助生产费用归集

辅助生产车间小、制造费用较少的企业，不需要提供劳务，不要按照规定的成本项目计算辅助生产产品成本，为了简化成本计算工作，可以不设置"制造费用——辅助生产车间"明细账。发生的费用不通过"制造费用"账户进行汇总，而直接计入"辅助生产成本"账户及其明细账的借方，按直接材料、直接人工、制造费用分项明细登记，如表 3 - 1 和表 3 - 2 所示。

表 3 - 1 辅助生产成本多栏明细账

车间：机修车间　　　　　　　　　　2016 年 11 月 30 日　　　　　　　　　　单位：元

摘要	直接材料	直接人工	修理工具	劳保用品	办公用品	低值易耗品	其他	合计
原材料分配表	36 500.00							36 500.00
工资分配表		56 500.00						56 500.00
折旧分配表							35 200.00	35 200.00
银行付款凭证			12 000.00	1 500.00	160.00	5 000.00	45 000.00	63 660.00
本月发生	36 500.00	56 500.00	12 000.00	1 500.00	160.00	5 000.00	80 200.00	191 860.00
本月转出费用	36 500.00	56 500.00	12 000.00	1 500.00	160.00	5 000.00	80 200.00	191 860.00

表 3 - 2 辅助生产成本多栏明细账

车间：供电车间　　　　　　　　　　2016 年 11 月 30 日　　　　　　　　　　单位：元

摘要	直接材料	直接人工	修理工具	劳保用品	办公用品	低值易耗品	电费	其他	合计
原材料分配表	20 000								20 000
工资分配表		35 000							35 000
折旧分配表								150 000	150 000
银行付款凭证			11 000	1 800	500	18 000			405 834
本月发生	20 000	35 000	11 000	1 800	500	18 000	374 534	150 000	610 834
本月转出费用	20 000	35 000	11 000	1 800	500	18 000	374 534	150 000	610 834

第二节 辅助生产费用的分配

一、辅助生产费用分配的内容及财务处理

（一）辅助生产费用分配的内容

辅助生产费用分配是按月登记辅助生产成本明细账，并归集各辅助生产车间的辅助生产费用，月末根据辅助生产车间生产的辅助产品和提供劳务的数量，采用一定的方法分配给各受益对象，从"辅助生产成本"的明细账分别转入有关账户。

（二）辅助生产费用分配的账务处理

1. 工具、模具、修理备件等分配的账务处理

由于辅助生产车间所提供辅助的产品和劳务的种类不同，其成本和费用转出分配的程序也不一样。如工具和模具车间生产的工具、模具和修理用备件等产品的成本，应在产品完工入库时编制分录，借记"低值易耗品""原材料"等科目，贷记"辅助生产成本"科目。

2. 辅助生产费用交互分配的账务处理

存在多个辅助生产车间的，在辅助生产车间之间会存在相互提供产品和劳务的情况，如供电车间为供水车间供电，供水车间为供电车间供水，这时辅助生产车间之间就要进行交互分配。这是辅助生产费用分配的特点。以供水车间与供电车间的交互分配为例，辅助生产费用的分配会计分录为，借记"辅助生产成本——供水车间"，贷记"辅助生产成本——供电车间"，或借记"辅助生产成本——供电车间"，贷记"辅助生产成本——供水车间"。

3. 辅助生产车间对费用外分配处理

经过辅助生产车间内部交互分配后，辅助生产费用应通过编制"辅助生产费用分配表"进行。对于动力、机修和运输等辅助生产车间生产和提供的电、气、水、修理和运输等劳务所发生的费用，要按用途根据各受益单位耗用的劳务数量进行分配。分配时，借记"基本生产成本""制造费用""管理费用""销售费

用""在建工程"等科目，贷记"辅助生产成本"科目。

在结转辅助生产成本明细账之前，如辅助生产车间单独设置"制造费用"账户，还应将各辅助生产车间的制造费用分配转入各辅助生产成本明细账，归集各项劳务的辅助生产成本，然后才能进行辅助生产费用的分配。

二、辅助生产费用分配的方法

辅助生产费用的分配方法主要有直接分配法、顺序分配法、交互分配法、计划成本分配法和代数分配法，企业应根据自身的特点选择适当的方法进行辅助生产费用的分配。

（一）直接分配法

1. 直接分配法的概念

直接分配法就是不考虑各辅助生产车间之间相互提供产品或劳务的情况，只将各辅助生产车间发生的费用直接分配给辅助生产车间以外的各受益单位的方法。在辅助生产费用的五种分配方法中，直接分配法是最简单的。

2. 直接分配法的计算公式

直接分配法有关计算公式如下：

辅助生产费用分配率＝辅助生产费用总额÷对外提供劳务数量总和

某车间（或部门）应负担的费用＝该车间（或部门）受益数量×辅助生产费用分配率

【例3-1】宏华水泥制造公司进行成本核算，该公司设置3个基本生产车间，分别为生料车间、烧成车间和成品车间。生产生料半成品、煤粉半成品、熟料半成品和水泥成品4种产品。辅助生产车间2个，分别是机修车间、供电车间。11月，该公司辅助生产车间劳务情况如表3-3所示。

表3-3　宏华水泥制造公司辅助生产车间劳务供应表

供应对象		机修（小时）	供电（度）
辅助生产车间	机修车间		35 000
	供电车间	848	
基本生产成本	生料半成品		365 000
	煤粉半成品		250 000

续表

供应对象		机修（小时）	供电（度）
基本生产成本	熟料半成品		55 800
	水泥成品		550 000
制造费用	生料车间	1 250	2 500
	烧成车间	2 500	5 800
	成品车间	1 350.00	15 000
管理部门		200.00	2 500.00
劳务量合计		6 148.00	1 281 600.00
费用合计（元）		191 860.00	610 834.00
供应单价（元）		31.206 9	0.476 6

根据上述资料分析计算如下：

（1）计算分配率。根据直接分配法的概念，辅助生产部门之间不分配费用，机修车间、供电车间提供的劳务直接对外分配。因此，机修车间对外提供的劳务是总工时6 148小时，减去维修供电车间的工时848小时，对外分配工时是5 300小时，或者是1 250+2 500+1 350+200=5 300（小时）。同理，供电车间对外供应电量是1 281 600－35 000＝1 246 600（度）。

机修车间费用分配率＝机修车间生产费用总额÷对外提供劳务数量总和
　　　　　　　　　＝191 860.00÷5 300＝36.2

供电车间费用分配率＝供电车间生产费用总额÷对外提供劳务数量总和
　　　　　　　　　＝610 834.00÷1 246 600＝0.49

（2）编制辅助生产费用分配表，如表3－4所示。

表3－4　辅助生产费用分配表（直接分配法）

2016年11月30日

项目		机修车间			供电车间			费用合计
		工时（小时）	分配率	金额（元）	数量（度）	分配率	金额（元）	
待分配		6 148	31.2 069	191 860.00	1 281 600	0.4 766	610 834.00	802 694.00
辅助生产车间	机修车间				35 000			
	供电车间	848						
对外分配		5 300	36.2 000	191 860.00	1 246 600	0.4 900	610 834.00	802 694.00

项目		机修车间			供电车间			费用合计
		工时（小时）	分配率	金额（元）	数量（度）	分配率	金额（元）	
基本生产成本	生料半成品				36 500		178 850.00	178 850.00
	煤粉半成品				250 000		122 500.00	122 500.00
	熟料半成品				55 800		27 342.00	27 342.00
	水泥成品				550 000		269 500.00	269 500.00
制造费用	生料车间	1 250		45 250.00	2 500		1 225.00	46 475.00
	烧成车间	2 500		90 500.00	5 800		2 842.00	93 342.00
	成品车间	1 350		48 870.00	15 000		7 350.00	56 220.00
管理部门		200		7 240.00	2 500		1 225.00	8 465.00
合计		5 300		191 860.00	1 246 600		610 834.00	802 694.00

编制会计分录如下：

借：基本生产成本——生料半成品　　　　　　　　　　178 850.00

　　　　　　　　——煤粉半成品　　　　　　　　　　122 500.00

　　　　　　　　——熟料半成品　　　　　　　　　　　27 342.00

　　　　　　　　——水泥成品　　　　　　　　　　　269 500.00

　　制造费用——生料车间　　　　　　　　　　　　　　46 475.00

　　　　　　——烧成车间　　　　　　　　　　　　　　93 342.00

　　　　　　——成品车间　　　　　　　　　　　　　　56 220.00

　　管理费用　　　　　　　　　　　　　　　　　　　　8 465.00

　　贷：辅助生产成本——机修车间　　　　　　　　　191 860.00

　　　　　　　　　　——供电车间　　　　　　　　　610 834.00

经过直接分配法处理，辅助生产费用就结转到制造费用等其他科目，制造费用的核算请参照本章第一节制造费用分配的内容。

3. 直接分配法的应用

直接分配法一般只适宜在各辅助生产车间之间相互提供劳务不多、不进行费用的交互分配对辅助生产成本和企业产品成本影响不大的情况。

企业采用直接分配法分配辅助费用，没有考虑辅助生产车间的相互分配，只对车间以外的受益对象进行分配。方法虽然简单，但计算的结果不够准确。

（二）顺序分配法

1. 顺序分配法的概念

顺序分配法是按照各辅助生产车间之间相互受益金额的多少排列费用分配顺序并进行分配的方法受益金额少的排列在前，先分配其费用；受益金额多的排列在后，后分配其费用。各辅助生产车间的费用只分配给排列在其后面的其他辅助生产车间和辅助生产车间以外的各受益单位，而排列在前面的辅助生产车间不负担排列在后面的辅助生产车间的费用。

2. 受益金额与供应金额

根据顺序分配法的概念，受益金额小的先分配，受益金额大的后分配。为此，要先了解受益金额与供应金额的含义。

供应金额一般是指本辅助生产车间对别的辅助生产车间提供劳务的金额，如供电车间一般在水泥厂的各个车间装有电表，月底抄表登记。

受益金额一般是指本辅助生产车间接受其他辅助生产车间的劳务金额。

受益劳务单价 = 提供的辅助生产车间的劳务总费用 ÷ 该辅助生产车间劳务总数量

例如，机修车间的主营劳务是修理，其供应金额是指机修车间对其他车间提供劳务的金额。受益金额指的是供电车间对机修车间提供的电力费用，因为机修车间的机器运转需供电车间供电才能启动。如表3－3所示，机修车间本月耗电35 000 度，单价0.4766 元，合计金额16 681.00 元，机修车间的受益金额是16 681.00元。

又如，供电车间的主营劳务是电力，其供应金额是指供电车间对其他车间提供劳务的金额。受益金额指的是机修车间对供电车间提供的维修费用，因为供电车间的机器运转需机修车间维修才能维持正常运转。如表3－4所示，本月供电车间共维修了848 小时，单价31.2069 元，合计金额26 463.45 元，供电车间的受益金额是26 463.45 元。

从上述计算可看出，机修车间受益金额是16 681.00 元，供电车间受益金额是26 463.45 元，显然机修车间受益小。因此，采用顺序分配法时，先分配机修车间的辅助生产费用，然后再分配供电车间的辅助生产费用。

先分配的辅助生产车间费用可以分给下一个待分配的辅助生产车间，后一辅助生产车间分配时不能再分配给前面已分配的辅助车间。

3. 顺序分配法计算公式

辅助生产费用分配率 = 某辅助生产车间生产费用总额 ÷ 该生产车间劳务量总和

某辅助生产车间受益金额＝某辅助生产车间受益量×辅助生产费用分配率

$$某辅助生产费用顺序分配率＝\frac{本车间生产费用＋前面辅助车间分配的费用}{该车间劳务总量－前面辅助车间耗用的该劳务数量}$$

【例3－2】仍以【例3－1】内容为例。机修车间待分配费用191 860.00 元，维修总工时6 148 小时，其中为供电车间维修848 小时。供电车间待分配费用610 834.00 元，电力供应总度数1 281 600 度，其中对机修车间供电度数是35 000度，各辅助生产车间劳务供应如表3－3所示。

根据上述资料分析计算如下：

（1）计算各车间受益金额大小，确定分配顺序。

1）确定机修、供电车间的分配率，该分配率就是机修、供电车间的原始单价。

机修车间分配率＝191 860.00÷6 148＝31.206 9

供电车间分配率＝610 834.00÷1 281 600＝0.476 6

2）确定受益金额。

机修车间受益金额＝35 000×0.4 766＝16 681.00 （元）

供电车间受益金额＝848×31.206 9＝26 463.45 （元）

先分配机修车间，如表3－5所示。

表3－5 辅助生产费用分配表（顺序分配法）
2016 年11 月30 日

项目		机修车间			供电车间			费用合计
		工时（小时）	分配率	金额（元）	数量（度）	分配率	金额（元）	
待分配		6 148	31.206 9	191 860.00	1 281 600	0.476 6	610 834.00	802 694.00
按顺序分配，先分配机修车间	供电车间受益	848	31.206 9	26 463.45				26 436.45
	供电车间对外分配				1 246 600	0.511 2	637 297.45	
基本生产成本	生料半成品				36 500		186 588.00	186 588.00
	煤粉半成品				250 000		127 800.00	127 800.00
	熟料半成品				55 800		28 524.96	28 524.96
	水泥成品				550 000		281 160.00	281 160.00

项目		机修车间			供电车间			费用合计
		工时（小时）	分配率	金额（元）	数量（度）	分配率	金额（元）	
制造费用	生料车间	1 250		39 008.63	2 500		1 278.00	40 286.63
	烧成车间	2 500		78 017.25	5 800		2 964.96	80 982.21
	成品车间	1 350		42 129.32	15 000		7 668.00	49 797.32
管理部门		200		6 241.35	2 500		1 313.53	7 554.88
合计		6 148.00		191 860.00	1 246 600		637 297.45	829 157.45

注：（1）供电车间对外分配金额＝本辅助车间费用＋供电车间受益金额（机修车间转来的维修费）＝610 834.00＋26 463.45＝637 297.45（元）。

（2）供电车间对外分配时需扣除机修车间的电量。

（3）小数金额尾差，调整管理费用。

（2）编制会计分录。编制会计分录如下：

借：辅助生产成本——供电车间	26 463.45
基本生产成本——生料半成品	186 588.00
——煤粉半成品	127 800.00
——熟料半成品	28 524.96
制造费用——水泥成品	281 160.00
——生料车间	40 286.63
——烧成车间	80 982.21
——成品车间	49 797.32
管理费用	7 554.88
贷：辅助生产成本——机修车间	191 860.00
——供电车间	637 297.45

4. 顺序分配法的适用性及准确性

顺序分配法一般适用于辅助生产车间之间相互受益的金额具有明显大小差异，在分配时能明显分出顺序的企业。

在顺序分配法下，辅助生产费用既分配给辅助生产车间以外的受益单位，又分配给排列在后面的有关辅助生产车间，与直接分配法相比，分配结果比较准确，但分配工作量增加。与其他方法相比，在该方法中排列在前的辅助生产车间不负担排列在后的辅助生产车间的费用，因此分配结果仍然不是十分准确。

（三）交互分配法

1. 交互分配法的概念

交互分配法是指辅助生产费用先在辅助生产车间之间相互分配，然后再对外分配的方法。

2. 交互分配法的分配程序和计算公式

用交互分配法计算辅助生产费用时需要进行两次分配：一是进行辅助生产车间之间的交互分配，交互分配的单位成本可以用总费用除以总劳务量进行计算。二是调整对交互分配的数量、费用金额，计算外部分配率，外部分配率是辅助生产费用分配给辅助生产车间以外的各受益对象所使用的单位成本。最后，计算对外分配费用。计算公式如下：

（1）辅助生产车间之间交互分配。

某辅助生产费用交互分配率 = 该车间待分配费用 ÷ 该车间劳务总量

某辅助生产车间应分配的费用 = 交互受益量 × 该费用交互分配率

（2）辅助生产费用对外分配。

某辅助生产费用对外分配率 = 该车间对外分配费用 ÷ 该车间对外劳务总量

某辅助生产费用对外分配费用 = 交互分配前费用 − 交互分配转出费用(供应) + 交互分配转入费用（受益）

某受益单位应负担的费用 = 该受益单位劳务耗用量 × 该劳务费用对外分配率

【例3 - 3】仍以【例3 - 1】内容为例，机修车间待分配费用191 860.00 元，维修总工时6 148 小时，其中为供电车间维修848 小时。供电车间待分配费用610 834.00 元，电力供应总度数1 281 600 度，其中对机修车间供电度数是35 000 度，各辅助生产车间劳务供应如表3 - 3所示。

根据上述资料分析计算如下：

（1）计算辅助生产车间之间的交互分配率。

机修车间辅助生产费用交互分配率 = 该车间待分配费用 ÷ 该车间劳务总量 = 191 860.00 ÷ 6 148 = 31. 206 9

供电车间辅助生产费用交互分配率 = 该车间待分配费用 ÷ 该车间劳务总量 = 610 834.00 ÷ 1 281 600 = 0. 476 6

（2）计算调整后的辅助生产车间对外分配的数量、金额以及对外分配率。

机修车间对外分配金额 = 191 860.00 − 26 463.45 + 16 681 = 182 077. 55 （元）

机修车间对外分配数量 = 6 148 − 848 = 5 300 （小时）

机修车间对外分配率 = 182 077.55 ÷ 5 300 = 34.354 3

供电车间对外分配金额 = 610 834 - 16 681 + 26 463.45 = 620 616.45（元）

供电车间对外分配数量 = 1 281 600 - 35 000 = 1 246 600（度）

供电车间对外分配率 = 620 616.45 ÷ 1 246 600 = 0.497 8

（3）分配辅助生产费用如表 3 - 6 所示。

表 3 - 6　辅助生产费用分配表（交互分配法）
2016 年 11 月 30 日

项目		机修车间			供电车间			费用合计
		工时（小时）	分配率	金额（元）	数量（度）	分配率	金额（元）	
待分配		6 148	31.206 9	191 860.00	1 281 600	0.4 766	610 834.00	802 694.00
辅助生产车间	机修车间				35 000	0.4 766	16 681.00	
	供电车间	848	31.206 9	26 463.45				
对外分配		5 300	34.354 3	182 077.55	1 246 600	0.4 978	620 616.45	802 694.00
基本生产成本	生料半成品				36 500		181 697.00	181 697.00
	煤粉半成品				250 000		124 450.00	124 450.00
	熟料半成品				55 800		27 777.24	27 777.24
	水泥成品				550 000		273 790.00	273 790.00
制造费用	生料车间	1 250		42 942.88	2 500		1 244.50	44 187.38
	烧成车间	2 500		85 885.75	5 800		2 887.24	88 772.99
	成品车间	1 350		46 378.31	15 000		7 467.00	53 845.31
管理部门		200		6 870.61	2 500		1 303.47	8 174.08
合计		5 300		182 077.55	1 246 600		620 616.45	802 694.00

编制会计分录：

借：辅助生产成本——机修车间　　　　　　　　　16 681.00

　　　　　　　　——供电车间　　　　　　　　　26 463.45

　　贷：辅助生产成本——机修车间　　　　　　　　26 463.45

　　　　　　　　——供电车间　　　　　　　　　16 681.00

编制对外分配的会计分录：

借：基本生产成本——生料半成品　　　　　　　　181 697.00

　　　　　　　　——煤粉半成品　　　　　　　　124 450.00

　　　　　　　　——熟料半成品　　　　　　　　27 777.24

——水泥成品		273 790.00
制造费用——生料车间		44 187.38
——烧成车间		88 772.99
——成品车间		53 845.31
管理费用		8 174.08
贷：辅助生产成本——机修车间		182 077.55
——供电车间		620 616.45

（四）计划成本分配法

1. 计划成本分配法的概念

计划成本分配法，就是按照劳务的计划单位成本和各受益单位实际耗用的劳务数量分配辅助生产费用的方法。

2. 计划成本分配法的分配程序

（1）计算计划成本，应按照辅助生产车间提供的劳务数量和计划单价分配辅助生产车间费用。

（2）计算实际成本，本辅助生产车间发生的费用加上本辅助生产车间受益的金额为实际成本。

（3）计算差异金额，当实际成本与计划成本出现差异时，需将其差额计入管理费用。

3. 计划成本分配法的计算公式

某受益部门应负担的费用 = 本部门耗用的劳务数量 × 该劳务的计划单位成本

某辅助生产车间实际成本 = 该车间发生的费用 + 该车间受益数量 × 该车间受益计划单价

【例3－4】仍以【例3－1】内容为例，机修车间待分配费用191 860.00元，维修总工时6 148小时，其中为供电车间维修848小时。供电车间待分配费用610 834.00元，电力供应总度数1 281 600度，其中对机修车间供电度数是35 000度。假定机修车间计划每小时价格是35元，供电车间计划每度价格是0.495元，各辅助生产车间劳务供应如表3－3所示。

根据上述资料分析计算如下：

（1）计算各辅助生产车间之间的计划成本。

首先，计算机修车间的计划成本。按机修车间计划单价35元，分别乘以机修车间对外供应的劳务数量，得出机修车间对外供应的计划成本。如供电车间耗用工时 848 小时，则计划成本 = 848 × 35 = 29 680.00（元），生料车间耗用 1 250 小时，则计划成本 = 1 250 × 35 = 4 3750.00（元），机修车间对外提供劳务的计划成本为 215 180.00 元。

其次，计算供电车间的计划成本。按供电车间计划单价 0.495 元，分别乘以供电车间对外供应的劳务数量，得出供电车间对外供应的计划成本。如供机修车间耗用电 35 000 度，则计划成本 = 35 000 × 0.495 = 17 325.00 元，生料半成品耗用 365 000 度，则计划成本 = 365 000 × 0.495 = 180 675.00 元，供电车间对外提供劳务的计划成本为 634 392.00 元。

（2）计算各辅助生产车间的实际成本。

机修车间实际成本 = 本辅助生产车间发生的费用 + 该车间受益数量 ×

该车间受益计划单价

= 191 860.00 +（35 000 × 0.495）= 209 185.00（元）

该车间受益数量指的是电力供应的数量。

供电车间实际成本 = 本辅助生产车间发生的费用 + 该车间受益数量 ×

该车间受益计划单价

= 610 834.00 + 848 × 35 = 640 514.00（元）

（3）计算计划成本与实际成本差异。

机修车间实际成本为 209 185.00 元，计划成本为 215 180.00 元，差异额为 −5 995.00 元。

供电车间实际成本为 640 514.00 元，计划成本为 634 392.00 元，差异额为 6 122.00 元。

累计差异额 = −5 995.00 + 6 122.00 = 127.00（元）

整体情况如表 3 − 7 所示，实际成本 849 699.00 元比计划成本 849 572.00 元超支了 127.00 元，这个超支金额需记在管理费用借方，表明管理费用增加了 127.00 元。

表 3 − 7　辅助生产费用分配表（计划分配法）

2016 年 11 月 30 日

项目	机修车间			供电车间			费用合计
	工时（小时）	分配率	金额（元）	数量（度）	分配率	金额（元）	
待分配费用			191 860.00			610 834.00	802 694.00
计划单位成本		35.00			0.495		

项目		机修车间			供电车间			费用合计
		工时（小时）	分配率	金额（元）	数量（度）	分配率	金额（元）	
辅助生产车间	机修车间				35 000	0.4 950	17 325.00	17 325.00
	供电车间	848	35.00	29 680.00				29 680.00
基本生产成本	生料半成品				36 500		180 675.00	180 675.00
	煤粉半成品				250 000		123 750.00	123 750.00
	熟料半成品				55 800		27 621.00	27 621.00
	水泥成品				550 000		272 250.00	272 250.00
制造费用	生料车间	1 250		43 750.00	2 500		1 237.50	44 987.50
	烧成车间	2 500		87 500.00	5 800		2 871.00	90 371.00
	成品车间	1 350		47 250.00	15 000		7 425.00	54 675.00
管理费用		200		7 000.00	2 500		1 237.50	8 237.50
	计划成本			215 180.00			634 392.00	849 572.00
	实际成本			209 185.00			640 514.00	849 699.00
差异				− 5 995.00			6 122.00	127.00

编制计划分配法下的会计分录如下：

借：辅助生产成本——机修车间   17 325.00

              ——供电车间   29 680.00

   基本生产成本——生料半成品   180 675.00

              ——煤粉半成品   123 750.00

              ——熟料半成品   27 621.00

              ——水泥成品   272 250.00

   制造费用——生料车间   44 987.50

            ——烧成车间   99 371.00

            ——成品车间   84 675.00

   管理费用   8 237.50

   贷：辅助生产成本——机修车间   215 180.00

              ——供电车间   634 392.00

差额处理分录：

借：管理费用   127.00

辅助生产成本——机修车间　　　　　　　　　　　　　　5 995.00

　　贷：辅助生产成本——供电车间　　　　　　　　　　　6 122.00

　　4. 计划成本分配法的适用范围及优缺点

　　计划成本分配法适用于有准确制订辅助生产劳务的计划单位成本的企业。其优点为：可以简化费用分配工作，而且通过辅助生产成本差异的计算，还能反映和考核辅助生产成本计划的完成情况，便于分清企业内部各单位的经济责任。其缺点为：当计划成本不准确时，会影响成本计算的准确性。

　　（五）代数分配法

　　1. 代数分配法的概念

　　代数分配法就是根据解联立方程的原理，首先计算辅助生产产品和劳务的实际单位成本，然后再根据各受益单位耗用的劳务数量乘以相应劳务单位成本，计算分配辅助生产费用的方法。

　　2. 代数分配法的原理

　　某辅助生产车间的总费用 = 该辅助生产车间归集的发生费用 + 该辅助生产车间的受益数量×受益单价

　　如机修车间的总费用等于机修车间实际归集的费用与受益的费用（指供电车间提供的电力费用）之和。

　　【例3－5】仍以例【3－1】内容为例，机修车间待分配费用 191 860.00 元，维修总工时 6 148 小时，其中为供电车间维修 848 小时。供电车间待分配费用 610 834.00 元，电力供应总度数 1 281 600 度，其中对机修车间供电变数是 35 000 度，各辅助生产车间劳务供应如表 3－3 所示。

　　根据以上资料分析计算如下：

　　假设机修车间工时单价为 X，供电车间电力单价为 Y。设立如下方程组：

$$\begin{cases} 6\ 148X = 191\ 860 + 35\ 000Y \\ 1\ 281\ 600Y = 610\ 834 + 848X \end{cases}$$

　　机修车间总费用 = 机修车间已发生的费用 + 机修车间受益费用（供电车间转入的）

　　供电车间总费用 = 供电车间已发生的费用 + 供电车间受益费用（机修车间转入的）

　　整理并计算，可得出：

$$\begin{cases} X = 34.048\ 50 \\ Y = 0.499\ 15 \end{cases}$$

辅助生产费用分配表如表3-8所示。

表3-8 辅助生产费用分配表（代数分配法）

2016 年 11 月 30 日

项目		机修车间			供电车间			费用合计
		工时（小时）	分配率	金额（元）	数量（度）	分配率	金额（元）	
待分配		6 148	34.04 850	191 860.00	1 281 600	0.49 915	610 834.00	802 694.00
辅助生产车间	机修车间				35 000		17 470.25	17 470.25
	供电车间	848		28 873.13				28 873.13
基本生产成本	生料半成品				36 500		182 189.75	182 189.75
	煤粉半成品				250 000		124 787.50	124 787.50
	熟料半成品				55 800		27 852.57	27 852.57
	水泥成品				550 000		274 532.50	274 532.50
制造费用	生料车间	1 250		42 560.63	2 500		1 247.88	43 828.51
	烧成车间	2 500		85 121.25	5 800		2 895.07	88 016.32
	成品车间	1 350		45 965.48	15 000		7 487.25	53 452.73
管理费用		200		6 809.70	2 500		1 247.88	8 057.58
合计		6 148		209 330.19	128 160		639 710.65	84 9040.84

编制计划分配法下的会计分录如下：

借：辅助生产成本——机修车间   17 470.25

           ——供电车间   28 873.13

    基本生产成本——生料半成品   182 189.75

           ——煤粉半成品   124 787.50

           ——熟料半成品   27 852.57

           ——水泥成品   274 532.50

    制造费用——生料车间   43 808.51

           ——烧成车间   88 016.32

           ——成品车间   53 452.73

    管理费用   8 057.58

    贷：辅助生产成本——机修车间   209 330.19

              ——供电车间   639 710.65

3. 代数分配法的优点及适用范围

代数分配法是应用数学中的联立方程式来计算辅助生产车间产品或劳务单位成本的方法，其分配结果准确率较高，且随着会计电算化的发展，其计算过程越来越简单，适用范围也越来越广。

本章小结

本章主要介绍了辅助生产费用分配的概念、意义和方法。辅助生产费用主要是辅助生产车间为基本生产车间和行政管理部门提供服务而进行的产品生产和劳务供应所产生的费用，它直接影响基本生产成本和经营管理费用的高低，因此，辅助生产费用的归集与分配，对于正确和及时计算基本生产成本与归集经营管理费用、节约费用、降低成本具有重要意义。

归集的辅助生产费用应按照受益情况，结合企业的特点，选择采用直接分配法、顺序分配法、交互分配法、计划成本分配法、代数分配法等方法进行分配，分配转入时借记"基本生产成本""制造费用""管理费用"等科目，贷记"辅助生产成本"科目。

练习题

1. 假设侨联工厂设有供水、供电两个辅助生产车间，主要为基本生产车间和厂行政管理部门服务。2016 年 9 月根据辅助生产成本明细账，供水车间本月发生费用为 12 019 元，供电车间本月发生费用为 19 614 元。该工厂辅助生产的制造费用不通过"制造费用"科目核算。根据劳务供应和耗用劳务通知单，可整理各车间和部门耗用劳务情况如表 3–9 所示。

表 3–9　辅助生产车间劳务供应通知单

2016 年 9 月 30 日

受益单位	供水车间（吨）	供电车间（度）
辅助生产车间		
供水车间		2 600

续表

受益单位	供水车间（吨）	供电车间（度）
供电车间	580	
基本生产车间		
甲产品		19 800
乙产品		16 000
一般耗用	6 200	4 500
厂行政管理部门耗用	290	3 800
合计	7 070	46 700

［要求］

（1）根据上述资料，分别采用直接分配法、交互分配法、顺序分配法分配辅助生产费用，并将计算结果分别填入表3-10~表3-12。

（2）假定上例中企业确定产品的计划单位成本为：每吨水1.80元，每度电0.42元，采用计划成本分配法编制辅助生产费用分配表如表3-13所示，并编制会计分录。

表3-10 辅助生产费用分配表（直接分配法）

2016年9月30日

项目		供水车间			供电车间			费用合计
		数量（吨）	分配率	金额（元）	数量（吨）	分配率	金额（元）	
待分配		7 070	1.70 000	12 019.00	46 700	0.420 0	19 614.00	31 633.00
辅助生产成本	供水车间				2 600			
	供电车间	580			44 100			
基本生产成本	甲产品				19 800			
	乙产品				16 000			
制造费用		6 200			4 500			
管理费用		290			3 800			
合计		6 490			44 100			

表 3-11　辅助生产费用分配表（交互分配法）

2016 年 9 月 30 日

项目		供水车间			供电车间			费用合计
		数量（吨）	分配率	金额（元）	数量（吨）	分配率	金额（元）	
待分配		7 070	1.70 000	12 019.00	46 700	0.4 200	19 614.00	31 633.00
辅助生产成本	供水车间							
	供电车间							
基本生产成本	甲产品				19 800			
	乙产品				16 000			
制造费用		6 200			4 500			
管理费用		290			3 800			
合计		6 490			44 100			

表 3-12　辅助生产费用分配表（顺序分配法）

2016 年 9 月 30 日

项目		供水车间			供电车间			费用合计
		数量（吨）	分配率	金额（元）	数量（吨）	分配率	金额（元）	
待分配		7 070	1.70 000	12 019.00				
辅助生产成本	供水车间							
	供电车间	580						
基本生产成本	甲产品				19 800			
	乙产品				16 000			
制造费用		6 200			4 500			
管理费用		290			3 800			
合计		6 490						

表 3-13　辅助生产费用分配表（交互分配法）

2016 年 9 月 30 日

项目		供水车间			供电车间			费用合计
		数量（吨）	分配率	金额（元）	数量（吨）	分配率	金额（元）	
待分配				12 019.00			19 614.00	31 633.00
计划单价			1.8			0.420 0		
辅助生产成本	供水车间				2 600			
	供电车间	580						

续表

项目		供水车间			供电车间			费用合计
		数量（吨）	分配率	金额（元）	数量（吨）	分配率	金额（元）	
基本生产成本	甲产品				19 800			
	乙产品				16 000			
制造费用		6 200			4 500			
管理费用		290			3 800			
计划成本								
实际成本								
差异								

第四章
品 种 法

 学习目标

1. 了解品种法的定义、适用范围、特点及核算程序。
2. 掌握品种法的核算方法。

第一节　概述

一、品种法的概念

品种法是以产品的品种为成本计算对象归集和分配生产费用，计算产品成本的一种方法，适用范围为：

其一，品种法主要适用于大量大批的单步骤生产企业，如发电、采掘等企业。在这种类型的企业中，由于产品生产的工艺过程不能间断，没有必要也不可能划分生产步骤计算产品成本，只能以产品品种作为成本计算对象。

其二，大量大批多步骤生产的企业。在大量大批多步骤生产的企业中，如果企业规模较小，而管理上又不要求提供各步骤的成本资料时，也可以采用品种法计算产品成本。

其三，企业的辅助生产车间也可以采用品种法计算产品成本。

二、品种法的特点

(一) 以产品品种作为成本计算对象

品种法以产品品种作为成本计算对象，并据以设置"产品成本计算单"归集生产费用和计算产品成本。由于品种法的成本计算对象是每种产品，因此，在进行成本计算时，需要为每一种产品设置一张"产品成本计算单"。如果企业生产的产品不止一种，就需要以每一种产品作为成本计算对象，分别设置"产品成本计算单"。

1. 只生产一种产品企业成本计算对象的确定

如果企业只生产一种产品，成本计算对象就是该种产品，只需为该种产品设置一张"产品成本计算单"，"产品成本计算单"中按成本项目设置专栏，生产中所发生的生产费用都可以直接根据有关凭证和费用分配表，分别按成本项目全部列入该种产品的"产品成本计算单"。

2. 生产多种产品企业成本计算对象的确定

如果企业生产多种产品，成本计算对象则是每种产品，需要按每种产品分别设置"产品成本计算单"，生产中发生的生产费用，要区分为直接费用和间接费用，凡能分清应由某种产品承担的直接费用，应直接计入该种产品的"产品成本计算单"；对于几种产品共同耗用而又分不清应由哪种产品负担多少数额的间接费用，应采用适当的分配方法，在各种产品之间，或者直接进行分配，或者另行归集汇总为制造费用后再经过分配计入各"产品成本计算单"的相关成本项目中。

(二) 按月定期计算产品成本

采用品种法计算产品成本的生产企业，从其生产工艺过程看，有的是单步骤生产，有的是多步骤生产，但从生产组织方式上看，大多是大量大批生产，是连续不断地重复着某种或几种产品的生产，经常有很多完工产品，无法按照产品的生产周期来归集生产费用，计算产品成本，不能等到产品全部制造完工时再计算成本，因而只能定期按月计算产品成本，从而将本月的销售收入与已销产品的生产成本配比，计算本月损益。因此，产品成本是定期按月计算的，与报告期一致，与产品生产周期不一致。

（三）月末在产品成本的计算

如果是大量大批的简单生产采用品种法计算产品成本，由于简单生产是一个生产步骤就完成了整个生产过程。所以月末（或者任何时点）一般没有在产品，因此，计算产品成本时不需要将生产费用在完工产品和在产品之间进行分配。如果是管理上不要求分步骤计算产品成本的大量大批的复杂生产采用品种法计算产品成本，由于复杂生产是需要经过多个生产步骤的生产，所以月末（或者任何时点）一般生产线上都会有在产品。因此，计算产品成本时就需要将生产费用在完工产品和在产品之间进行分配。

三、品种法的分类

（一）简单品种法

简单品种法是产品成本计算中一种比较简单的方法，一般运用于大量大批简单生产（单步骤生产）的行业或企业，例如发电、自来水生产、原煤原油的开采等，这类行业或企业的生产通常具有产品品种单一、封闭式生产、月末一般没有或只有少量在产品。当期发生的生产费用总和就是该种完工产品的总成本，用总成本除以产量，就可以计算出产品的单位成本。在简单品种法下，生产中发生的一切费用都属于直接费用，可以直接计入该种产品成本，由于简单品种法不存在完工产品与在产品成本划分的问题，计算方法比较简单，故称为简单品种法。

（二）典型品种法

在大量大批多步骤生产的企业中，如果企业规模较小，而且管理上又不要求提供各步骤的成本资料时，也可以采用品种法计算产品成本，其成本计算比简单品种法要复杂一些，要按照不同产品品种设置产品成本计算单，还需要计算每种产品的完工产品成本和月末在产品成本，它有别于简单品种法的成本计算程序，但又是多数企业普遍采用的成本计算方法，故称为典型品种法。

四、品种法的计算程序①②③④

（一）开设成本明细账

基本车间开设"基本生产成本明细账"，按照产品的品种开设"产品成本计算单"，开设"制造费用明细账"；辅助车间开设"辅助生产成本明细账"。

（二）分配各种要素费用

要素费用主要包括：材料费用的分配、人工费用的分配、折旧费用的分配和其他费用的分配等。月末编制各种"要素费用分配表"，并根据"要素费用分配表"编制会计分录，并登记有关明细账。

（三）分配辅助生产成本

月末编制"辅助生产费用分配表"，并根据"辅助生产费用分配表"编制会计分录，登记有关明细账。

（四）分配基本生产车间制造费用

月末编制"制造费用分配表"，并根据"制造费用分配表"编制会计分录，登记有关明细账。

（五）分配计算各种完工产品成本和月末在产品成本

月末采用约当产量法、定额比例法等分配方法将"产品成本计算单"上归集的生产费用合计进行分配，计算出各种完工产品成本和月末在产品成本。

（六）结转完工产品成本

根据"产品成本计算单"中完工产品的数据资料，编制"完工产品成本汇总计算表"，根据"完工产品成本汇总计算表"编制会计分录，登记有关明细账。

---

① 编制"要素费用分配表"，分配各要素费用进入有关成本费用账户。
② 编制"辅助生产费用分配表"，分配辅助生产费用进入各有关成本费用账户。
③ 编制基本生产车间"制造费用分配表"，分配基本生产车间制造费用进入各基本生产成本账户。
④ 编制"完工产品成本计算表"，计算完工产品和在产品成本。

第二节　品种法举例

【例4-1】某小型企业有一个基本生产车间和机修、蒸汽两个辅助生产车间，基本生产车间生产甲、乙两种产品，经过2个步骤进行加工，成本计算采用品种法。2015年5月甲产品完工150件，月末结存在产品50件，完工程度50%，原材料开工时一次投入（假设乙产品月末无完工产品，乙产品的其他资料略）。

［要求］开设有关明细账；按照成本的核算程序计算产品成本。

（一）开设有关明细账

"基本生产成本明细账"，如表4-1所示。
"产品成本计算单（甲产品）"，如表4-2所示。
"辅助生产成本明细账（蒸汽）"，如表4-3所示。
"辅助生产成本明细账（机修）"，如表4-4所示。
"制造费用明细账"，如表4-5所示。

表4-1　基本生产成本明细账

车间：基本车间　　　　　　　　　　2015年5月　　　　　　　　　单位：元

年		凭证	摘要	直接材料	直接人工	其他直接支出	制造费用	合计
月	日							
5	31		月初在产品成本	3 200	2 100	7 600	3 100	16 000
5	31	转1	分配材料费用	95 238				95 238
5	31	转2	分配的人工费		17 104			17 104
5	31	转3	分配的动力费			5 760		5 760
5	31	转6	分配的蒸汽费			7 803		7 803
5	31	转7	分配的制造费				24 270	24 270
5	31		本月合计额	95 238	17 104	13 563	24 270	150 175
5	31		合计	98 438	19 204	21 163	27 370	166 175

续表

| 年 | | 凭证 | 摘要 | 直接材料 | 直接人工 | 其他直接支出 | 制造费用 | 合计 |
月	日							
5	31	转8	结转完工成本	61 500	9 195	10 305	12 150	93 150
5	31		月末在产品成本	36 938	10 009	10 858	15 220	73 025

表4-2　产品成本计算单

产品：甲产品　　　　　　　　　　2015年5月　　　　　　　　　　单位：元

| 年 | | 凭证 | 摘要 | 直接材料 | 直接人工 | 其他直接支出 | 制造费用 | 合计 |
月	日							
5	1		月初在产品	2 000	1 625	4 275	1 250	9 150
5	31	转1	分配材料费用	80 000				80 000
5	31	转2	分配人工费		9 104			9 104
5	31	转3	分配动力费			3 600		3 600
5	31	转6	分配蒸汽费			4 151		4 151
5	31	转7	分配制造费				12 928	12 928
5	31		本月发生额	80 000	9 104	7 751	12 928	109 783
5	31		生产费用合计	82 000	10 729	12 026	14 178	118 933
5	31		完工	150	150	150	150	
5	31		在产品约当产量	50	25	25	25	
5	31		产量合计	200	175	175	175	
5	31		单位成本	410	61.3	68.7	81	621
5	31	转8	结转完工产品	61 500	9 195	10 305	12 150	93 150
5	31		月末在产品成本	20 500	1 534	1 721	2 028	25 783

表4-3　辅助生产成本明细账

车间：蒸汽　　　　　　　　　　2015年5月　　　　　　　　　　单位：元

| 年 | | 凭证 | 摘要 | 材料费 | 人工费 | 折旧费 | 水电费 | 其他费 | 合计 |
月	日								
5	31	转1	分配材料费用	1 520					1 520
5	31	转2	分配工资		2 350				2 350

续表

年		凭证	摘要	材料费	人工费	折旧费	水电费	其他费	合计
月	日								
5	31	转3	折旧及修理			4 800			4 800
5	31	转4	分配动力费				1 440		1 440
5	31	转5	分配其他					1 160	1 160
			合计	1 520	2 350	4 800	1 440	1 160	11 270
5	31	转6	本月转出	1 520	2 350	4 800	1 440	1 160	11 270

表4-4 辅助生产成本明细账

车间：机修　　　　　　　　　　2015年5月　　　　　　　　　　单位：元

年		凭证	摘要	材料费	人工费	折旧费	水电费	其他费	合计
月	日								
5	31	转1	分配材料费	1 000					1 000
5	31	转2	分配工资		1 596				1 596
5	31	转3	折旧及修理			3 600			3 600
5	31	转4	分配动力费				1 029.6		1 029.6
5	31	转5	分配其他					1 040	1 040
			合计	1 000	1 596	3 600	1 029.6	1 040	8 265.6
5	31	转6	本月转出	1 000	1 596	3 600	1 029.6	1 040	8 265.6

表4-5 制造费用明细账

车间：基本车间　　　　　　　　2015年5月　　　　　　　　　　单位：元

年		凭证	摘要	材料费	人工费	折旧费	水电费	其他费	合计
月	日								
5	31	转1	分配材料费	3 200					3 200
5	31	转2	分配工资		2 280				2 280
5	31	转3	折旧及修理			8 400			8 400
5	31	转4	分配动力费				1 080		1 080
5	31	转5	分配其他					1 780	1 780
5	31	转6	分配辅助生产费					7 350	7 350
			合计	3 200	2 280	8 400	1 080	9 310	24 270
5	31	转7	本月转出	3 200	2 280	8 400	1 080	9 310	24 270

（二）成本计算

1. 要素费用的分配

（1）材料费用的分配。月末，根据"领料单""限额领料单"等发料凭证，按用途编制"材料费用分配表"。

（2）人工费用的分配。月末，分别车间、部门编制"职工工资单"和"工资费用分配表"。

（3）折旧费的计算。月末，编制"折旧费用计算明细表"和"折旧费用汇总计算表"。

（4）外购动力费用的分配。月末，编制"外购动力费用分配表"。

（5）其他费用的归集与分配。月末，编制"其他费用分配表"。

根据以上"要素费用的分配表"：一方面编制会计分录，以备登记总账；另一方面登记有关明细账。

各项费用的具体核算如下：

（1）材料费的分配。根据领料单等领料凭证，月末编制"材料费用分配表"，如表4-6所示。

表4-6 材料费用分配表
2015年5月

领料用途		成本项目	材料		
			产品定额耗料量	分配率	金额（元）
生产车间	生产甲产品	直接材料	840		80 000
	生产乙产品	直接材料	160		15 238
	小计		1 000	95.2	95 238
	一般耗用	材料			3 200
辅助车间	蒸汽	材料			1 520
	机修	材料			1 000
厂部管理部门		材料			600
合计					101 558

1）根据表4-6"材料费用分配表"编制会计分录。

借：生产成本　　　　　　　　　　　　　　　　　　97 758

　　制造费用　　　　　　　　　　　　　　　　　　 3 200

　　管理费用　　　　　　　　　　　　　　　　　　　 600

　　贷：原材料　　　　　　　　　　　　　　　　　 101 558

2）根据表 4 - 6 "材料费用分配表" 登记有关成本明细账。登记基本生产车间的 "基本生产成本明细账"（见表 4 - 1）的 "直接材料" 成本项目 95 238 元，登记基本生产车间的甲产品 "产品成本计算单"（见表 4 - 2）的 "直接材料" 成本项目 80 000 元、登记基本生产车间的乙产品 "产品成本计算单" 的 "直接材料" 成本项目 15 238 元（略）；登记基本生产车间的 "制造费用明细账"（见表 4 - 5）的 "材料费" 费用栏目 3 200 元；登记蒸汽车间的 "辅助生产成本明细账"（见表 4 - 3）的 "材料费" 费用栏目 1 520 元；登记机修车间的 "辅助生产成本明细账"（见表 4 - 4）的 "材料费" 费用栏目 1 000 元。

（2）人工费用的分配。月末，根据职工工资单，编制工资费用分配表，如表 4 - 7 所示。

表 4 - 7 工资费用分配表
2015 年 5 月

领料用途		成本项目	人工费		
			实际工时	分配率	金额（元）
生产车间	生产甲产品	直接人工	1 138		9 104
	生产乙产品	直接人工	1 000		8 000
	小计		2 138	8	17 104
	一般耗用	人工费			2 280
辅助车间	蒸汽	人工费			2 350
	机修	人工费			1 596
厂部管理部门		人工费			3 420
合计					26 750

1）根据表 4 - 7 "工资费用分配表" 编制会计分录。

借：生产成本　　　　　　　　　　　　　　　　　　21 050

　　制造费用　　　　　　　　　　　　　　　　　　 2 280

　　管理费用　　　　　　　　　　　　　　　　　　 3 420

　　贷：应付职工薪酬　　　　　　　　　　　　　　26 750

2）根据表 4 - 7 "工资费用分配表" 登记有关成本明细账。登记基本生产车间的 "基本生产成本明细账"（见表 4 - 1），登记基本生产车间的甲产品 "产品成本计算单"（见表 4 - 2），登记基本生产车间的乙产品 "产品成本计算单"（略），登记的成本项目为 "直接人工" 登记基本生产车间的 "制造费用明细账"

· 67 ·

（见表4-5），登记在"人工费"栏目；登记蒸汽、机修车间的"辅助生产成本明细账"（见表4-3和表4-4），登记在"人工费"栏目。

（3）折旧费的分配。月末，根据"固定资产折旧费用明细计算表"编制全厂的"固定资产折旧费用计算表"，如表4-8所示。

表4-8　固定资产折旧费用计算表

2015年5月

分配对象	费用项目	月初原始价值（元）	月折旧率	月折旧额（元）
基本生产车间	折旧费	1 400 000	0.6%	8 400
蒸汽车间	折旧费	800 000	0.6%	4 800
机修车间	折旧费	600 000	0.6%	3 600
企业管理部门	折旧费	900 000	0.5%	4 500
合计		3 700 000		21 300

1）根据表4-8"固定资产折旧费用计算表"编制会计分录。

借：制造费用　　　　　　　　　　　　　　　　　　　　　　8 400
　　生产成本　　　　　　　　　　　　　　　　　　　　　　8 400
　　管理费用　　　　　　　　　　　　　　　　　　　　　　4 500
　　贷：累计折旧　　　　　　　　　　　　　　　　　　　　21 300

2）根据表4-8"固定资产折旧费用计算表"登记有关成本明细账。登记基本生产车间的"制造费用明细账"（见表4-5），登记在"折旧费"费用栏目；登记蒸汽、机修车间的"辅助生产成本明细账"（见表4-3和表4-4），登记在"折旧费"费用栏目。

（4）外购动力费的分配。月末，根据供电单位的结算凭证，编制"外购动力费分配表"如表4-9所示。

表4-9　外购动力费分配表

2015年5月

分配对象	成本项目	实际用量	分配率	分配金额（元）
基本车间：				5 760
甲产品	燃料动力	20 000		3 600
乙产品	燃料动力	12 000		2 160
车间一般费用	水电费	6 000		1 080

续表

分配对象	成本项目	实际用量	分配率	分配金额（元）
蒸汽车间	水电费	8 000		1 440
机修车间	水电费	5 720		1 029.6
合计		51 720	0.18	9 309.6

1）根据表4-9"外购动力费分配表"编制会计分录。

借：生产成本   8 229.6

    制造费用   1 080

    贷：应付账款等   9 309.6

2）根据表4-9"外购动力费分配表"登记有关成本明细账。登记基本生产车间的"基本生产成本明细账"（见表4-1），登记基本生产车间的甲产品"产品成本计算单"（见表4-2），登记基本生产车间的乙产品"产品成本计算单"（略），登记的成本项目为"其他直接支出"；登记基本生产车间的"制造费用明细账"（见表4-5），登记在"动力费"费用栏目；登记蒸汽、机修车间的"辅助生产成本明细账"（见表4-3和表4-4），登记在"动力费"费用栏目。

（5）其他费用的分配。月末，根据有关凭证，编制其他费用分配表如表4-10所示。

表4-10 其他费用分配表

2015年5月

单位：元

分配对象	办公费	保险费	差旅费	修理费	合计
基本车间	280	800		700	1 780
蒸汽车间	160	640	240		1 040
机修车间	260	580		320	1 160
厂部	460	400	2 600		3 460
合计	1 160	2 420	2 840	1 020	7 440

1）根据表4-10"其他费用分配表"编制会计分录。

借：制造费用   1 780

    生产成本   2 200

    管理费用   3 460

    贷：库存现金   7 440

2）根据表4-10"其他费用分配表"登记有关成本明细账。登记基本生产车间的"制造费用明细账"（见表4-5），登记在"其他费"费用栏目；登记蒸汽、机修车间的"辅助生产成本明细账"（见表4-3和表4-4），登记在"其他费"费用栏目。

2. 辅助生产成本的分配

要素费用分配后，下一步需要分配辅助生产成本。首先，在"辅助生产成本明细账"上计算出机修、蒸汽车间的生产费用合计，然后采用直接分配法进行辅助生产费用的分配。通过要素费用的分配，本月应该由机修、蒸汽车间负担的辅助生产费用均归集在机修、蒸汽车间的"辅助生产成本明细账"中，计算得出蒸汽、机修车间"辅助生产成本明细账"的生产费用合计分别为 11 270 元和 8 265.6 元（见表4-3、表4-4本月合计）。假设机修、蒸汽车间本月的劳务供应量资料如表4-1所示。根据以上有关资料采用直接分配法，编制"辅助生产费用分配表"（见表4-12），进行辅助生产成本的分配。

表4-11　蒸汽、机修车间劳务供应量

2015 年 5 月

项目	蒸汽（百立方米）	机修（小时）
基本车间生产产品	2 550	
基本车间一般耗用	450	700
机修车间	320	
蒸汽车间		60
行政管理	680	240
合计	4 000	1 000

表4-12　辅助生产费用分配表（直接分配）

2015 年 5 月

项目	分配费用	分配数量	分配率	分配金额 生产成本 数量	金额（元）	制造费用 数量	金额（元）	企管部门 数量	金额（元）
蒸汽	1 1270	3 680	3.06	2 550	7 803	450	1 377	680	2 090
机修	8 265.6	940	8.79			700	6 153	240	2 112.6
合计	19 535.6				7 803		7 530		4 020.6

假设，生产产品耗用的蒸汽以甲、乙产品的直接人工工资为分配标准进行分配，编制"辅助生产费用分配明细表"（见表4-13）。

表4-13 辅助生产费用分配明细表
2015年5月

项目	分配标准（直接工资）（元）	分配率	分配金额（元）
甲产品	9 104		4 151
乙产品	8 000		3 652
合计	17 104	0.456	7 803

1）根据表4-12"辅助生产费用分配表"编制会计分录。

借：生产成本——基本生产成本   7 803.00

    制造费用   7 530.00

    管理费用   4 202.60

    贷：生产成本——辅助生产成本   19 535.60

2）根据表4-12"辅助生产费用分配表"和表4-13"辅助生产费用分配明细表"登记有关成本明细账。登记基本生产车间的"基本生产成本明细账"（见表4-1），登记基本生产车间的甲产品"产品成本计算单"（见表4-2），登记基本生产车间的乙产品"产品成本计算单"（略），登记的成本项目为"其他直接支出"；登记基本生产车间的"制造费用明细账"（见表4-5），登记在"动力费"费用栏目以红字登记蒸汽、机修车间的"辅助生产成本明细账"（见表4-3和表4-4）。至此，蒸汽、机修车间的"辅助生产成本明细账"的余额为0。

3. 制造费用的分配

辅助生产成本分配后，下一步需要进行基本车间制造费用的分配。首先，在"制造费用明细账"上计算出本月费用合计，然后采用实际分配率法，将基本车间的制造费用在甲、乙之间进行分配。计算"制造费用明细账"的费用合计为24 270元（见表4-5），通过编制"制造费用分配表"（见表4-14）进行分配。

表 4 - 14 制造费用分配表

2015 年 5 月

项目	分配标准（直接工资）（元）	分配率	分配金额（元）
甲产品	9 104		12 928
乙产品	8 000		11 342
合计	17 104	1.42	24 270

1) 根据表 4 - 14 "制造费用分配表" 编制会计分录。

借：生产成本　　　　　　　　　　　　　　　　　　　　　24 270

　　贷：制造费用　　　　　　　　　　　　　　　　　　　　24 270

2) 根据表 4 - 14 "制造费用分配表" 登记有关成本明细账。登记基本生产车间的 "基本生产成本明细账"（见表 4 - 1），登记基本生产车间的甲产品 "产品成本计算单"（见表 4 - 2），登记基本生产车间的乙产品 "产品成本计算单"（略），登记的成本项目为 "制造费用"；以红字登记基本生产车间的 "制造费用明细账"（见表 4 - 5）。至此，基本生产车间的 "制造费用明细账" 余额为 0。

4. 生产费用的分配

生产费用的分配，完工产品成本的计算。通过以上分配，凡是应该由基本生产车间甲产品、乙产品负担的费用均归集在甲产品的 "产品成本计算单"、乙产品的 "产品成本计算单"（略）。要求采用约当产量法，将归集在甲产品 "产品成本计算单" 上的生产费用进行分配，乙产品全部未完工（资料略）。

首先，在甲产品 "产品成本计算单" 上，将生产费用合计在完工产品和月末在产品之间进行分配。然后，将 "产品成本计算单" 上完工产品成本资料填到 "完工产品成本汇总计算表"（见表 4 - 15）中，计算本月完工产品总成本，根据 "完工产品成本汇总计算表" 编制产品完工入库的会计分录，并据此登记 "基本生产成本明细账" 完工产品成本。"基本生产成本明细账" 月末在产品成本根据 "基本生产成本明细账" 的生产费用合计扣减完工产品成本计算。

表 4 - 15　完工产品成本汇总计算表

2015 年 5 月　　　　　　　　　　　　　　　　　单位：元

产品		直接材料	直接人工	其他直接支出	制造费用	合计
甲产品	总成本（150 件）	61 500	9 195	10 305	12 150	93 105
	单位成本	410	61.3	68.7	81	621
乙产品	总成本					
	单位成本					
合计						

本章小结

　　品种法是"产品成本计算品种法"的简称。以产品品种为成本计算对象来归集生产费用，计算产品成本的方法。它是工业企业计算产品成本最基本的方法之一，主要适用于大量大批生产的简单生产或管理上不要求分步骤计算成本的复杂生产，如发电、供水、采掘、玻璃制品和水泥生产等。简单生产，由于技术上的不可间断或工作地点的不可分离，只能由一个企业单独完成，不能由几个企业进行协作和分工。同时，由于生产过程较短，产品单一，一般没有在产品，即使有，也为数不多，数量也较稳定。在这种情况下，按产品品种归集的生产费用一般不需要进行费用分配，也不存在在产品成本的计算问题。

练习题

一、名词解释

品种法。

二、单项选择题

1. 区分各种成本计算基本方法的主要标志是（　　　）。

A. 成本计算对象

B. 成本计算日期

C. 间接费用的分配方法

D. 完工产品与在产品之间分配费用的方法

2. 品种法的成本计算期与（　　　）是不一致的，一般是按月进行的。

A. 生产周期　　　B. 会计核算周期　　　C. 会计分期　　　D. 生产日期

3. 造船、服装的生产，其成本计算一般应采用（　　　）。

A. 品种法　　　B. 分步法　　　C. 分批法　　　D. 分类法

4. 采用品种法计算产品成本时，成本计算单应按（　　　）开设。

A. 产品批别　　　B. 产品品种　　　C. 产品类别　　　D. 产品生产步骤

第五章

分 步 法

学习目标

1. 了解分步法的定义、分类、适用范围、特点、核算程序。
2. 掌握逐步结转分步法的计算原理及成本还原的方法原理。
3. 掌握平行结转分步法的计算原理。

第一节 概述

一、分步法的概念

分步法是以产品生产步骤和产品品种为成本计算对象，来归集和分配生产费用、计算产品成本的一种方法。分步法主要适用于大量大批复杂生产企业，如冶金、水泥、纺织、机床制造等企业。这些企业，其生产过程是由若干在技术上可以间断的生产步骤所组成，从原材料投入到产品完工，要经过若干连续的生产步骤，除最后一个步骤生产的是产成品外，其他步骤生产的都是完工程度不同的半成品。这些半成品，除少数可能出售外，都是下一步骤的加工对象。因此，应按步骤、按产品品种设置产品成本明细账，分别按成本项目归集生产费用。为了适应生产的这一特点，企业不仅要计算每一种产品的成本，还要按产品经过的生产步骤，计算各步骤的成本。

二、分步法的特点

采用分步法计算产品成本时，既要计算出最终产品的成本，还要计算每一生产步骤的成本。因此，分步法的成本计算对象是每种产品以及每种产品所经过的生产步骤的成本。在进行成本计算时，需要为每种产品及所经过的生产步骤设置"产品成本计算单"，来归集生产费用，计算产品成本。

分步法下生产步骤的划分，有时生产步骤与生产车间相同，有时并不完全一致。为了成本计算的方便，有时一个车间就是一个步骤，有时将几个车间合并为一个生产步骤，有时一个车同又分为几个生产步骤。

对于生产过程中发生的费用，凡是直接费用，应直接计入各步骤成本计算单中，间接费用则应先行归集，然后，再采用适当的方法，分配计入各步骤成本计算当中。

由于分步法适用于大量大批生产的企业，经常有完工产品产出，不能于产品完工时就计算其成本，因而，其成本计算期一般是定期于月末进行，其产品成本计算期与产品生产周期不一致，而与会计结算期相同。

总之，分步法是按照产品的生产步骤归集生产费用，计算产品成本的一种方法。主要适用于大量、大批的多步骤生产且管理上要求分步骤核算的企业，如纺织、冶金、造纸等。分步法的具体特点如下：

第一，成本计算对象为各种产品及其所经过的生产步骤。产品成本明细账应按照每种产品的各个生产步骤开设。实际工作中，成本计算各步骤与实际的生产步骤并非完全一致。

第二，成本计算期与会计报告期一致，与产品的生产周期不一致。成本计算定期于每月月末进行。

第三，一般需要生产费用在完工产品与在产品之间进行分配。

第四，各步骤之间结转成本。

第五，最终产成品成本的计算建立在前面各生产步骤成本计算的基础之上。

三、分步法的分类

分步法按是否计算各步骤半成品的成本，可分为逐步结转分步法和平行结转分步法。

在分步法下，连续加工式的生产，生产过程较长，过程中的各个步骤可以间断，月终计算成本时，各步骤均有在产品，因此要将费用在半成品（最终步骤为产成品）和在产品之间进行分配，各步骤的半成品及其成本是连续不断地向下一步骤移动，各步骤成本的结转采用逐步结转和平行结转两种方法。逐步结转法还可分为综合结转和分项结转，综合结转需要进行成本还原，分项结转则不必进行成本还原。平行结转法适用于不需要分步计算半成品成本的企业，平行结转法对上一步骤的半成品成本不进行结转，只计算每一步骤中应由最终完工产品成本负担的那部分份额，然后平行相加即可求得最终完工产品的成本。在连续式复杂生产的企业中，半成品具有独立经济利益的情况下，成本计算不宜选择平行结转分步法，应采用逐步结转分步法。

四、分步法的成本计算程序

（一）开设成本明细账

基本车间开设"基本生产成本明细账"，按照产品的品种及步骤开设"产品成本计算单""制造费用明细账"；辅助车间开设"辅助生产成本明细账"。

（二）分配各种要素费用

费用分配主要包括：材料费用的分配、人工费用的分配、外购动力费用的分配、折旧费用的分配和其他费用的分配。

月末，编制"要素费用分配表"，根据"要素费用分配表"编制会计分录并登记有关明细账。

（三）分配辅助生产成本

月末，编制"辅助生产费用分配表"，根据"辅助生产费用分配表"编制会计分录并登记有关明细账。

（四）分配基本生产车间制造费用

月末，编制"制造费用分配表"，根据"制造费用分配表"编制会计分录并登记有关明细账。

（五）分配生产费用

分配计算各步骤完工半成品（最后步骤为产成品）成本和月末在产品成本。月末，采用约当产量法、定额比例法等分配方法将"产品成本计算单"上归集的生产费用合计进行分配，计算出各步骤完工半成品（最后步骤为产成品）成本和月末在产品成本。

（六）结转完工产成品成本

根据各种产品"产品成本计算单"中完工产品的数据资料，编制"完工产品成本汇总计算表"，根据"完工产品成本汇总计算表"编制会计分录并登记有关明细账。

成本的明细分类核算程序如图5-1所示。

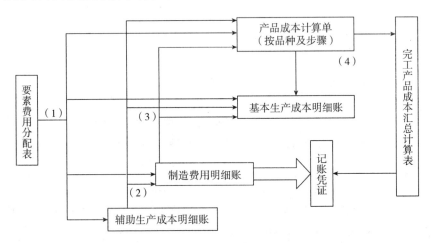

图5-1 成本的明细分类核算程序

注：（1）编制"要素费用分配表"，分配各要素费用进入有关成本费用账户。

（2）编制"辅助生产费用分配表"，分配辅助生产费用进入各有关成本费用账户。

（3）编制基本生产车间"制造费用分配表"，分配基本生产车间制造费用进入各基本生产成本账户。

（4）编制"完工产品成本计算表"，计算完工产品和在产品成本。

第二节　逐步结转分步法

一、逐步结转分步法

（一）概述

逐步结转分步法也称顺序结转分步法，它是按照产品连续加工的先后顺序，根据生产步骤所汇集的成本、费用和产量记录，计量自制半成品成本，自制半成品成本随着半成品在各加工步骤之间移动而顺序结转的一种方法。逐步结转分步法是按照产品加工步骤的顺序、逐步计算并结转半成品成本，直至最后步骤计算出产成品成本的一种方法。逐步结转分步法主要适用于成本管理中需要提供各个生产步骤半成品成本资料的企业。

逐步结转分步法的成本计算对象是各种产品成本及所经过各生产步骤半成品的成本。逐步结转分步法是根据产品生产工艺流程，按产品的生产步骤先计算半成品成本，再随实物依次逐步结转，最终计算出产成品成本。即从第一步骤开始，先计算该步骤完工半成品成本，并转入第二步骤，加上第二步骤的加工费用，算出第二步骤半成品成本，再转入第三步骤，依次类推，到最后步骤算出完工产品成本。逐步结转分步法下如果半成品完工后，不是立即转入下一步骤，而是通过半成品库周转时，应设置"自制半成品"账户。当完工半成品入库时，借记"自制半成品"科目，贷记"生产成本——基本生产成本"科目。

（二）特点

在逐步结转分步法下，各步骤所耗用的上一步骤半成品的成本，要随着半成品的实物发生转移，从上一步骤的"产品成本计算单"转入下一步骤相同产品的"产品成本计算单"中，以便逐步计算各步骤的半成品成本和最后步骤的产成品成本。即半成品成本的计算程序与半成品实物结转的程序相同。逐步结转分步法的具体特点如下：

其一，成本计算对象是最终完工产品成本及各步骤半成品的成本。

其二，各步骤半成品成本随半成品实物转移而结转。

其三，计算程序按照生产步骤的顺序计算，前面步骤期末需计算分配完工半成品成本和狭义在产品成本，最后一步骤需计算分配完工产品和狭义在产品成本。

（三）适用范围

大量大批多步骤连续式生产企业，各步骤的半成品既可以结转至下一步继续生产，也可以直接对外出售，或者供各种产品共同耗用，或者进行同行业成本的评比。具体包括下列企业：

其一，半成品可对外销售或半成品虽不对外销售但须进行比较考核的企业。例如，纺织企业的棉纱、坯布，冶金企业的生铁、钢锭、铝锭，化肥企业的合成氨等半成品都属于这种情况。

其二，一种半成品同时转作几种产成品原料的企业。例如，生产钢铸件、铜铸件的机械企业，生产纸浆的造纸企业。

其三，实行承包经营责任制的企业。对外承包必然在内部也要承包或逐级考核，需要计算各步的半成品成本。

二、半成品的流转方式

根据自制半成品的流转方式，逐步结转分步法又分为两种情况。

（一）第一种情况

第一步骤生产的半成品直接转到第二步骤进行再加工，以此类推，企业不设置"自制半成品明细账"。

（二）第二种情况

企业设置"自制半成品明细账"，用以核算自制半成品的收入、发出及结存情况，第一步骤生产的半成品验收入库，登记在"自制半成品明细账"中，第二步骤按生产需要从半成品仓库领用半成品，进行再加工，以此类推。

三、逐步结转分步法成本计算的程序

以下以综合结转分步法为例介绍逐步结转分步法。

（一）综合结转分步法的概念

综合结转分步法是指各生产步骤耗用上一步骤的半成品成本，以其综合成本（不分成本项目）计入下一步骤成本计算单中的"直接材料"项目，或是设立"半成品"项目。采用综合结转法结转半成品成本时，既可按实际成本结转也可按计划成本结转。

综合结转分步法是指半成品成本在自制半成品明细账和下一步骤"产品成本计算单"中只登记半成品综合成本，不再分别登记各个成本项目的半成品成本结转方法（见图5-2）。

上一步骤半成品成本

项目	金额
直接材料	1 000
直接人工	1 500
制造费用	500
合计	3 000

下一步骤产品生产成本

项目	上步骤转来	本步骤发生	合计
直接材料	3 000	500	3 500
直接人工		2 100	2 100
制造费用		900	900
合计	3 000	3 500	6 500

图 5 - 2　半成品成本结转（综合结转）

计算出完工产品成本后，出于成本分析的要求，需要进行成本还原。

（二）成本计算程序

采用综合结转分步法计算产品成本的计算程序如下：

（1）根据确定的成本对象计算，设置"产品成本计算单"。

（2）第一步骤，根据本步骤发生的各种生产费用，计算该步骤完工半成品成本，直接转入下一步骤"产品成本计算单"的"半成品"或"直接材料"成本项目或半成品仓库。

（3）第二步骤，以后的各生产步骤，将从上一步骤或半成品库转入的半成品成本，以"半成品"或"直接材料"成本项目计入本步骤"产品成本计算单"中，再加上本步骤发生的费用，计算出本步骤完工半成品成本，再以综合项目转入下一步骤"产品成本计算单"的"半成品"或"直接材料"成本项目。

（4）第三步骤，计算出完工产成品的成本。

即按照加工顺序，先计算出第一步骤的半成品成本，然后再计算出第二步骤的半成品成本，依次类推，计算出第三步骤的产成品成本（见图 5 - 3）。

第一步骤计算单		
成本项目	月初	本月
直接材料	160	1730
直接人工	8	172
制造费用	12	208
合计	180	2112
半成品成本1908		
在产品成本384		

第二步骤计算单		
成本项目	月初	本月
第一步骤半成品	200	1908
直接人工	10	208
制造费用	20	154
合计	230	2270
半成品成本2500		
在产品成本0		

第三步骤计算单		
成本项目	月初	本月
第二步骤半成品	650	2500
直接人工	10	90
制造费用	15	125
合计	675	2715
半成品成本2070		
在产品成本1320		

图 5 - 3　综合结转分步法成本计算顺序

【例5-1】某企业生产甲产品,甲产品经过三个生产步骤连续加工制成,第一步骤生产A半成品,直接转入第二步骤加工制成B半成品,B半成品直接转入第三步骤加工成甲产成品。原材料于生产开始时一次投入,各车间生产费用的分配采用约当产量法,各车间月末在产品完工率均为50%。2015年5月有关产量如表5-1所示,成本资料如表5-2所示。要求:采用综合结转分步法计算完工产品成本,编制各步骤"产品成本计算单"。

表5-1 各步骤产量资料

2015年5月 单位:件

摘要	第一步骤	第二步骤	第三步骤
月初在产品数量	20	20	50
本月投产数量或上步转入	200	180	200
本月完工产品数量	180	200	150
月末在产品数量	40	0	100

表5-2 各步骤生产费用资料

2015年5月 单位:千元

成本项目	月初在产品成本			本月发生费用		
	第一步骤	第二步骤	第三步骤	第一步骤	第二步骤	第三步骤
直接材料	160	200	650	1 732		
直接人工	8	10	10	172	208	90
制造费用	12	20	15	208	154	125
合计	180	230	675	2 112	362	215

根据以上资料编制三个步骤的"产品成本计算单"如表5-3~表5-5所示。

解答:

(1) 第一步骤产品成本计算:

直接材料的分配率 = (160 + 1 732) ÷ (180 + 40) = 8.6(千元/件)

完工半成品应分配的直接材料费 = 180 × 8.6 = 1 548(千元)

月末在产品应分配的直接材料费 = 40 × 8.6 = 344(千元)

直接人工的分配率 = (8 + 172) ÷ (180 + 40 × 50%) = 0.9(千元/件)

完工半成品应分配的直接人工费 = 180 × 0.9 = 162(千元)

月末在产品应分配的直接人工费 $= 40 \times 50\% \times 0.9 = 18$（千元）

制造费用的分配率 $= (12 + 208) \div (180 + 40 \times 50\%) = 1.1$（千元/件）

完工半成品应分配的制造费 $= 180 \times 1.1 = 198$（千元）

月末在产品应分配的制造费 $= 40 \times 50\% \times 1.1 = 22$（千元）

据此，编制"第一步骤产品成本计算单"（见表 5–3）。

将"第一步骤产品成本计算单"中完工半成品成本 1 908 千元转入"第二步骤产品成本计算单"的"半成品"成本项目。

（2）第二步骤产品成本计算。

直接材料的分配率 $= (200 + 1908) \div (200 + 0) = 10.54$（千元/件）

完工半成品应分配的直接材料费 $= 200 \times 10.54 = 2108$（千元）

月末在产品应分配的直接材料费 $= 0 \times 10.54 = 0$（千元）

直接人工的分配率 $= (10 + 208) \div (200 + 0 \times 50\%) = 1.09$（千元/件）

完工半成品应分配的直接人工费 $= 200 \times 1.09 = 218$（千元）

月末在产品应分配的直接人工费 $= 0 \times 50\% \times 1.09 = 0$（千元）

制造费用的分配率 $= (20 + 154) \div (200 + 0 \times 50\%) = 0.87$（千元/件）

完工半成品应分配的制造费 $= 200 \times 0.87 = 174$（千元）

月末在产品应分配的制造费 $= 0 \times 50\% \times 0.87 = 0$（千元）

表 5–3　第一步骤产品成本计算单

产品名称：A 半成品　　　　　　　　2015 年 5 月　　　　　　　　单位：千元

摘要		直接材料	直接人工	制造费用	合计
月初在产品成本		160	8	12	180
本月发生费用		1 732	172	208	2 112
费用合计		1 892	180	220	2 292
约当产量	完工产品	180	180	180	
	月末在成品	40	$40 \times 50\% = 20$	20	
	合计	220	200	200	
单位成本		8.6	0.9	1.1	10.6
完工半成品成本		1 548	162	198	1 908
月末在产品成本		344	18	22	384

据此，编制"第二步骤产品成本计算单"（见表 5–4）。

将"第二步骤产品成本计算单"中完工半成品成本2 500千元转入"第三步骤产品成本"的"半成品"成本项目。

表5－4　第二步骤产品成本计算单

产品名称：B半成品　　　　　　　　2015年5月　　　　　　　　单位：千元

摘要		第一步骤半成品	直接人工	制造费用	合计
月初在产品成本		200	10	20	230
本月发生费用		1 908	208	154	2 270
费用合计		2 108	218	174	2 500
约当产量	完工产品	200	200	200	
	月末在成品				
	合计	200	200	200	
单位成本		10.54	1.09	0.87	12.5
完工半成品成本		2 108	218	174	2 500
月末在产品成本		0	0	0	0

（3）第三步骤产品成本计算：

直接材料的分配率 = (650 + 2500) ÷ (150 + 100) = 12.6（千元/件）

完工半成品应分配的直接材料费 = 150 × 12.6 = 1 890（千元）

月末在产品应分配的直接材料费 = 100 × 12.6 = 1 260（千元）

直接人工的分配率 = (10 + 90) ÷ (150 + 100 × 50%) = 0.5（千元/件）

完工半成品应分配的直接人工费 = 150 × 0.5 = 75（千元）

月末在产品应分配的直接人工费 = 100 × 50% × 0.5 = 25（千元）

制造费用的分配率 = (15 + 125) ÷ (150 + 100 × 50%) = 0.7（千元/件）

完工半成品应分配的制造费 = 150 × 0.7 = 105（千元）

月末在产品应分配的制造费 = 100 × 50% × 0.7 = 35（千元）

据此，编制"第三步骤产品成本计算单"（见表5－5）。

表5－5　第三步骤产品成本计算单

产品名称：甲成品　　　　　　　　2015年5月　　　　　　　　单位：千元

摘要	直接材料	直接人工	制造费用	合计
月初在产品成本	650	10	15	675
本月发生费用	2 500	90	125	2 715

续表

摘要		直接材料	直接人工	制造费用	合计
费用合计		3 150	100	140	3 390
约当产量	完工产品	150	150	150	
	月末在成品	400	$100 \times 50\% = 50$	$100 \times 50\% = 50$	
	合计	250	200	200	
单位成本		12.6	0.5	0.7	13.8
完工半成品成本		1 890	75	105	2 070
月末在产品成本		1 260	25	35	1 320

如果半成品经过半成品库收发，半成品入库和出库时需要编制会计分录。假设第一步骤的半成品经过半成品库收发。

第一步骤完工 180 件半成品入库时，编制会计分录。

借：自制半成品——A   1 908

 贷：生产成本——基本生产成本   1 908

同时，在"A 自制半成品明细账"（见表 5-6）登记成本增加，在第一车间"产品计算单"登记成本减少。

表 5-6 自制半成品明细账

产品名称：A 半成品   2015 年 5 月   单位：千元

2015 年		凭证	摘要	借方			贷方			余额		
月	日			数量	单价	金额	数量	单价	金额	数量	单价	金额
5	1		期初余额							150	10.1	1 515
5	31		入库	180	10.6	1 908				150 180	10.1 10.6	3 423
5	31		出库				180	10.6	1 908	150	10.1	1 515

假设第二车间领用 A 半成品时，发出存货的计价采用后进先出法，则领用 180 件半成品的成本为：$180 \times 10.6 = 1 908$（千元），编制会计分录。

借：生产成本——基本生产成本   1 908

 贷：自制半成品——A   1 908

同时，在"A 自制半成品明细账"登记成本减少，在第二车间"产品计算单"登记成本增加。

【例5-2】某企业采用综合结转分步法计算甲产品成本。甲产品生产分三个生产步骤进行，第一步骤生产的A半成品直接转第二步骤进行加工，第二步骤生产的B半成品入B半成品库，第三步骤从B半成品库领用B半成品进行加工生产甲产品。材料在第一步骤开始生产时一次投入，月末各步骤在产品完工程度均为60%，各生产步骤的产量资料见表5-7，各生产步骤的成本资料如表5-8所示。

表5-7 产量资料　　　　　　　　　　　　　单位：件

摘要	第一生产步骤	第二生产步骤	第三生产步骤
月初在产品数量	20	40	140
本月投产数量	200	170	200
本月完工数量	170	200	250
月末在产品数量	50	10	90

表5-8 成本资料

产品：甲成品　　　　　　　　　2015年4月　　　　　　　单位：千元

	项目	半成品	直接材料	直接人工	制造费用	合计
第一步骤	月初在产品成本		400	100	100	600
	本月发生费用		1 800	900	500	
	合计		2 200	1 000	600	
第二步骤	月初在产品成本	300		308	410	1 018
	本月发生费用			1 340	620	
	合计			1 648	1 030	
第三步骤	月初在产品成本	1 000		890	582	2 472
	本月发生费用			2 150	1 850	
	合计			3 040	2 432	

[要求] 将归集在各个步骤成本计算单中的生产费用合计，采用约当产量法进行分配，并将计算结果填入表5-9、表5-10和表5-12中。

解：

表5-9　第一生产步骤成本计算单

2015年4月　　　　　　　　　　　　　　　单位：千元

项目		直接材料	直接人工	制造费用	合计
月初在产品成本		400	100	100	600
约当产量本月发生费用		1 800	900	500	3 200
合计		2 200	1 000	600	3 800
约当产量	完工产品产量	170	170	170	
	在产品约当产量	50	30	30	
	合计	220	200	200	
单位成本		10	5	3	18
完工半品成本		1 700	850	510	3 060
月末在产品成本		500	150	90	740

表5-10　第二生产步骤成本计算单

2015年4月　　　　　　　　　　　　　　　单位：千元

项目		直接材料	直接人工	制造费用	合计
月初在产品成本		300	308	410	1 018
本月发生费用		3 060	1 340	620	5 020
合计		3 360	1 648	1 030	6 038
约当产量	完工产品产量	200	200	200	
	在产品约当产量	10	6	6	
	合计	210	206	206	
单位成本		16	16	5	29
完工半成本		3 200	1 600	1 000	5 800
月末在产品成本		160	48	30	238

第二步骤完工200件B半成品入库时，编制会计分录。

借：自制半成品——B　　　　　　　　　　　　　　　　　　5 800

贷：生产成本——基本生产成本　　　　　　　　　　　　5 800

同时，在"B自制半成品明细账"（见表5-11）登记成本增加。

表 5 – 11　自制半成品明细账

半成品：B 半成品　　　　　　　　　　　　2015 年 5 月　　　　　　　　　单位：千元

| 2015 年 | | 凭证 | 摘要 | 借方 | | | 贷方 | | | 余额 | | |
月	日			数量	单价	金额	数量	单价	金额	数量	单价	金额
4	1		期初余额							100	32	3 200
4	30		入库	200	29	5 800				300		9 000
4	30		出库				200	30	6 000	100	30	3 000

　　假设发出存货的计价采用加权平均法，B 半成品的加权平均单价 = (3 200 + 5 800) ÷ (100 + 200) = 30 (元/件)，第三步骤领用 200 件 B 半成品的成本为：200 × 30 = 6 000 (元)，编制会计分录。

借：生产成本——基本生产成本　　　　　　　　　　　　　　　　6 000
　　贷：自制半成品——B　　　　　　　　　　　　　　　　　　　　6 000

同时，在“B 自制半成品明细账”登记成本减少。

表 5 – 12　第三生产步骤成本计算单

2015 年 4 月　　　　　　　　　　　　　　　　　　　　　　　　　单位：千元

项目		直接材料	直接人工	制造费用	合计
月初在产品成本		1 000	890	582	2 472
本月发生费用		6 000	2 150	1 850	9 800
合计		7 000	3 040	2 432	12 272
约当产量	完工产品产量	250	250	250	
	在产品约当产量	90	54	54	
	合计	340	304	304	
单位成本		20.6	10	8	38
完工产品成本		5 150	2 500	2 000	9 650
月末在产品成本		1 800	540	432	2 770

（三）综合结转分步法的成本还原

1. 进行成本还原的目的

采用综合结转分步法结转半成品成本，各步骤所耗半成品的成本是以“半成品"或"直接材料"成本项目综合反映,这样计算出来的产成品成本,不能提供按原始成本项目反映的成本资料,因而不能反映产品成本的实际构成和水平。因此,为了从整个企业角度分析和考核产品成本的构成,应将按综合结转分步法计算出的产成品成本进行成本还原,即将产成品成本还原为按原始成本项目反映的成本。

2. 成本还原的方法

从最后一个步骤起,把各步骤所耗上一步骤半成品的综合成本逐步分解,还原成"直接材料""直接人工""制造费用"等原始成本项目,从而求得按原始成本项目反映的产成品成本。

第 1 种方法。按半成品的成本结构进行还原。一般按本月所产半成品的成本结构进行还原,即从最后一个步骤起,把各步骤所耗上一步骤半成品的综合成本,按上一步骤所产半成品成本的结构,逐步分解,还原成按原始成本项目反映的产成品成本。

第 2 种方法。按照完工产品中半成品成本占上一步骤完工半成品的比重进行还原。

【例 5-3】依照【例 5-1】资料进行成本还原。

第 1 种方法,按半成品的成本结构进行还原(见表 5-13)。

表 5-13 产品成本还原计算表

产品:甲产品　　　　　　　　2015 年 5 月　　　　　　　　单位:千元

项目	成本结构(%)				还原前产成品成本	本月发生费用		还原后产品成本
	第一步骤		第二步骤			第一步	第二步	
		(1)		(2)	(3)	(4) = (3) × (2)	(5) = (4) × (1)	(6) = (3) + (4) + (5)
直接材料	1 548	81. 13					1 293	1 293
半成品			2 108	84. 32	1 890	1 594		
直接人工	162	8. 49	218	8. 72	75	165	165	375
制造费用	198	10. 38	174	6. 96	105	131	166	402
合计	1 908	100	2 500	100	2 070	1 890	1 594	2 070

第 2 种方法,按照完工产品中半成品成本占上一步骤完工半成品的比重进行还原(见表 5-14)。

表5－14 产品成本还原计算表

产品：甲产品　　　　　　　　　　　2015年5月　　　　　　　　　　　单位：千元

项目	还原前甲产品成本	第二步骤半成品成本	还原分配率	第1次成本还原	第一步骤半成品成本	还原分配率	第二次成本还原	还原后甲产品成本
	(1)	(2)	(3)	(4)＝(3)×(2)	(5)	(6)	(7)＝(5)×(6)	(8)＝(1)＋(4)＋(7)
直接材料					1 548		1 293	1 293
半成品	1 890	2 108	1 890÷2 500＝0.756	1 594		1 594÷1 980＝0.8354		
直接人工	75	218		165	162		135	375
制造费用	105	174		131	198		166	402
合计	2 070	2 500		1 890	1 980		1 594	2 070

（四）综合结转分步法的优缺点

1. 优点

采用逐步结转分步法计算产品成本，由于其实物结转与半成品的成本结转相一致，因而各成本计算单上月末在产品成本，就是各步骤该产品实际占用的生产资金，将各步骤占用的生产资金进行汇总，就可以计算出企业实际占用的生产资金数额，便于考核生产资金的占用情况，有利于加强对生产资金的管理。同时，采用逐步结转分步法还可以为各步骤消耗半成品、同行业进行半成品成本的对比、企业内部成本分析和考核等提供半成品成本资料。即可在各生产步骤的产品成本明细账中，反映各该步骤完工产品所耗半成品费用的水平和本步骤加工费用的水平，有利于各生产步骤的成本管理。

2. 缺点

采用综合结转法时，若需提供按原始成本项目反映的各产品成本项目的金额，还需进行成本还原，计算工作较为复杂。按实际成本计价结转时虽比较准确，但影响了成本计算的及时性，不利于考核和分析各步骤成本的升降原因。

四、逐步结转分步法的优缺点

（一）优点

不仅提供产成品成本资料，而且提供各步骤半成品成本资料。

半成品成本随实物转移而结转，有利于加强半成品和在产品的实物和资金管理。

综合结转法下，有利于对各加工步骤完工产品成本进行分析、考核。

分项结转法下，可直接提供按原始成本项目反映的产品成本资料，不必进行成本还原。

（二）缺点

核算工作较复杂，成本计算的及时性差。

综合结转法下，成本还原工作量较大，分项结转法下，各步骤半成品成本结转的工作量较大，转账手续比较麻烦。

分项结转法下，不利于对各加工步骤完工产品成本进行分析、考核。

第三节　平行结转分步法

一、平行结转分步法概述

（一）概念

平行结转分步法是指半成品成本并不随半成品实物的转移而结转，而是在哪一步骤发生就留在该步骤的"产品成本计算单"内，直到最后加工成产成品，才将其成本从各步骤的"产品成本计算单"转出，平行汇总计算完工产品成本的方法。在平行结转分步法下，不计算各步骤的半成品成本，而只计算本步骤发生的费用和应由完工产成品承担的份额，将各步骤成本计算单中产成品应负担的份额平行汇总来计算产品成本的一种方法。平行结转分步法也称不计算半成品成本法，它是各步骤不计算半成品成本，而只归集各步骤本身所发生的费用及各步骤应计入产成品成本的份额，将各步骤应计入产成品成本的份额平行加以汇总，即可计算出完工产品成本的一种方法。平行结转分步法是平行结转各步骤生产费用中应计入产成品成本的份额，并汇总计算产成品成本的分步法。

（二）特点

平行结转分步法下半成品成本并不随半成品实物的转移而结转，各生产步骤只归集计算本步直接发生的生产费用，不计算结转本步骤所耗用上一步骤的半成品成本：各生产步骤分别与完工产品直接联系，本步骤只提供在产品成本和加入最终产品成本的份额，平行独立、互不影响地进行成本计算，平行地把份额计入完工产品成本。其特点如下：

其一，成本计算对象是最终完工产品，不计算各步骤完工半成品成本，只计算该步骤计入产品成本的份额。在平行结转分步法中，各生产步骤的半成品都不作为成本计算对象，各步骤的成本计算都是为了算出最终产品的成本。

其二，成本计算期是每月的会计报告期，这是大批量生产的组织特点所决定的。

其三，半成品实物流转与半成品成本的结转相分离。

各生产步骤之间没有成本结转关系，而是将成本总额一起汇总，计算出完工产品的成本。

其四，在计算各步骤的成本份额时，需要将各步骤的生产费用合计计入产品成本的份额和广义在产品之间进行分配。

(三) 适用范围

平行结转分步法主要在半成品种类较多，又很少对外销售的企业里采用。在这样的企业里，半成品种类较多，而且很少对外销售，一般不需计算各步骤半成品成本，而只需计算最终产品的成本，就可以满足成本管理的要求，这时，为了简化分步成本的计算，可采用平行结转分步法计算成本。

平行结转分步法适用于大量大批多步骤装配式生产企业。总的来说，只要不要求提供各步骤半成品成本，前面举例运用逐步结转分步法的企业都可运用平行结转分步法。随着我国企业经济责任制的推行，企业普遍实行内部经济责任制和责任会计，尤其是在建立社会主义市场经济的进程中，大量的企业要按《公司法》的规定进行规范化改组，企业内部的责权利的实施在很大程度上依赖于各车间的成本指标考核，必然要求各车间要计算半成品成本，平行结转分步法的运用范围大大缩小，更多地采用逐步结转分步法。平行结转分步法具体运用于下列企业：①半成品无独立经济意义或虽有半成品但不要求单独计算半成品成本的企业，如砖瓦厂、瓷厂等。②一般不计算零配件成本的装配式复杂生产企业，如大批量生产的机械制造企业。

二、平行结转分步法成本计算的程序

平行结转分步法成本计算程序如图 5-4 所示。

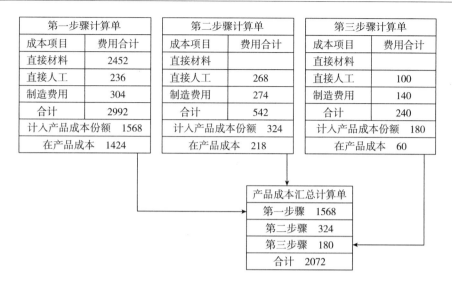

图 5-4　平行结转分步法成本计算程序

其一，按每种产品的品种及其所经过的生产步骤设置"产品成本计算单"归集生产费用。各步骤"产品成本计算单"仅归集本步骤发生的费用，不反映耗用上一步骤半成品成本。

其二，各步骤不计算完工半成品成本，只计算本步骤生产费用中应计入产品成本的"份额"。月末，采用一定的分配方法，将归集在各步骤"产品成本计算单"上的生产费用合计，在完工产品应负担的"份额"和广义在产品之间进行分配，从而计算出每一生产步骤应计入产品成本的"份额"。

其三，月末，各步骤要从"产品成本计算单"上转销应由本月完工产品负担的"份额"，平行汇总，计算出完工产品成本。

其四，将各步骤"产品成本计算单"上归集的生产费用合计，扣除应计入产品成本的份额，其余额就是月末广义在产品成本。

三、各步骤应计入产成品成本份额的计算

（一）有关概念

1. 完工产品

此处指狭义的完工产品，即最终产成品。

2. 某步骤完工产品费用

其指该步骤生产费用中计入产品成本的"份额"。

3. 在产品

在产品是指广义的在产品，即尚未完工的全部在产品和半成品。包括：①尚处在本步加工过程中的在产品，即狭义在产品。②本步骤已加工完工留存在半成品库的半成品。③本步要完工转入以后步骤进一步加工、尚未最后制成的半成品（以后步骤的在产品）。

4. 某步骤在产品费用

某步骤在产品费用是指以上广义在产品的三部分的费用之和。各步骤生产费用应在该步骤生产费用中计入产品成本的"份额"与本步骤月末广义在产品之间进行分配。

（二）各步骤应计入产成品成本份额的计算

某步骤计入产成品份额 = 产成品数量 × 单位产成品耗用该步骤半成品数量 × 该步骤单位

半成品费用 = 产成品耗用该步骤半成品数量 × 该步骤单位半成品费用

生产费用的分配可采用约当产量法、定额比例法、定额成本法。分配时，应按成本项目分别进行。本章重点介绍约当产量法。

约当产量法下各步骤应计入产品成本份额的计算方法如下：

1. 分别按成本项目，计算各步骤的约当产量

某步骤约当产量（分别成本项目）= 产成品耗用该步骤半成品数量 + 该步骤月末广义在产品约当产量 = 产成品耗用该步骤半成品数量 + 该步骤月末狭义在产品约当产量 + 该步骤已完工留存在半成品库和以后步骤半成品数量

2. 分别按成本项目，计算各步骤的单位半成品成本

某步骤单位半成品成本（分别成本项目）= （该步骤月初在产品费用 + 本月发生的生产费用）÷ 该步骤的约当产量

3. 计算各步骤应计入完工产品成本的份额

某步骤计入产成品的份额（分别成本项目）= 产成品数量 × 单位产成品耗用该步骤半成品数量 × 该步骤单位半成品成本 = 产成品耗用该步骤半成品数量 × 该步骤单位半成品成本

【例5-4】某企业生产的甲产品经过三个步骤加工制成，原材料于生产开始

时一次投入，各生产费用的分配采用约当产量法，各步骤月末在产品完工率均为 50%。2015 年 5 月有关产量和成本资料如表 5 – 15 和表 5 – 16 所示。

1. 本月各车间产量资料（见表 5 – 15）

表 5 – 15　各步骤产量资料

2015 年 5 月　　　　　　　　　　　　　　　　　　　　单位：件

摘要	第一步骤	第二步骤	第三步骤
月初在产品数量	20	40	30
本月投产数量或上步转入	200	180	200
本月完工产品数量	180	200	150
月末在产品数量	40	20	80

2. 各车间月初及本月费用资料（见表 5 – 16）

表 5 – 16　各步骤生产费用资料

2015 年 5 月　　　　　　　　　　　　　　　　　　　　单位：千元

成本项目	月初在产品成本			本月发生费用		
	第一步骤	第二步骤	第三步骤	第一步骤	第二步骤	第二步骤
直接材料	720			1732		
直接人工	64	60	10	172	208	90
制造费用	96	120	15	208	154	125
合计	880	180	25	2112	362	215

[要求] 采用平行结转法计算完工产品成本，编制各步骤"产品成本计算单"及"产品成本汇总表"。

解答：编制三个步骤的甲产品成本计算单，如表 5 – 17 ~ 表 5 – 19 所示。

第一步骤：产品成本计算。

（1）计算约当产量。

直接材料分配时的约当产量 = 150 +（20 + 80）+ 40 = 290（件）

直接人工等分配时的约当产量 = 150 +（20 + 80）+ 40 × 50% = 270（件）

（2）分配直接材料。

直接材料的分配率 = 2 452 ÷ 290 = 8.455（千元/件）

完工产品应负担该步骤半成品的份额 = 150 × 8.455 = 1 268（千元）

月末在产品应分配的直接材料费 = 2 452 − 1 268 = 1184（千元）

（3）分配直接人工。

直接人工的分配率 = 236 ÷ 270 = 0.874

完工产品应负担该步骤半成品的份额 = 150 × 0.874 = 131（千元）

月末在产品应分配的直接材料费 = 236 − 131 = 105（千元）

（4）分配制造费用。

制造费用的分配率 = 304 ÷ 270 = 1.126

完工产品应负担该步骤半成品的份额 = 150 × 1.126 = 169（千元）

月末在产品应分配的直接材料费 = 304 − 169 = 135（千元）

据此，编制"第一步骤产品成本计算单"（见表 5−17）。

将"第一步骤产品成本计算单"完工产品应负担该步骤半成品的份额转"完工产品成本计算表"平行汇总，计算完工产品成本。

表 5−17　第一步骤甲产品成本计算单

2015 年 5 月　　　　　　　　　　　　　　　　　　单位：千元

	摘要	直接材料	直接人工	制造费用	合计
1	月初在产品成本	720	64	96	880
2	本月发生费用	1 732	172	208	2 112
3	合计	2 452	236	304	2 992
4	月末结存以后步骤半成品	20 + 80	20 + 80	20 + 80	
5	产成品所耗该步骤半成品	150	150	150	
6	月末狭义在产品约当产量	40	40 × 50% = 20	40 × 50% = 20	
7	产量合计（4 + 5 + 6）	290	270	270	
8	单位成本（3 ÷ 7）	8.455	0.874	1.126	10.46
9	计入产品成本份额（150 件）（5 × 6）	1 268	131	169	1568
10	月末在产品成本（3 − 9）	1 184	105	135	1424

第二步骤：产品成本计算。

（1）计算约当产量。

直接人工等分配时的约当产量 = 150 + 80 + 20 × 50% = 240（件）

（2）分配直接人工。

直接人工的分配率 = 268 ÷ 240 = 1.117（千元/件）

完工产品应负担该步骤半成品的份额 = 150 × 1.117 = 168（千元）

月末在产品应分配的直接材料费 = 268 - 168 = 100（千元）

（3）分配制造费用。

制造费用的分配率 = 274 ÷ 240 = 1.142

完工产品应负担该步骤半成品的份额 = 150 × 1.142 = 171（千元）

月末在产品应分配的直接材料费 = 274 - 171 = 103（千元）

据此，编制"第二步骤产品成本计算单"（见表 5 - 18）。

将"第二步骤产品成本计算单"完工产品应负担该步骤半成品的份额转"完工产品成本计算"平行汇总，计算完工产品成本。

表 5 - 18　第二步骤甲产品成本计算单

2015 年 5 月　　　　　　　　　　　　　　单位：千元

	摘要	直接材料	直接人工	制造费用	合计
1	月初在产品成本		60	120	180
2	本月发生费用		208	154	362
3	合计		68	274	542
4	月末结存以后步骤半成品		80	80	
5	产成品所耗该步骤半成品		150	150	
6	月末狭义在产品约当产量		20 × 50% - 10	20 × 50% - 10	
7	产量合计（4 + 5 + 6）		240	240	
8	单位成本（3 ÷ 7）		1.117	1.142	2.168
9	计入产品成本份额（150 件）（5 × 6）		168	171	339
10	月末在产品成本（3 - 9）		100	103	203

第三步骤：产品成本计算

（1）计算约当产量。

直接人工等分配时的约当产量 = 150 + 80 × 50% = 190（件）

（2）分配直接人工。

直接人工的分配率 = 100 ÷ 190 = 0.526

完工产品应负担该步骤半成品的份额 = 150 × 0.526 = 79（千元）

月末在产品应分配的直接材料费 = 100 - 79 = 21（千元）

（3）分配制造费用。

制造费用的分配率 = 140 ÷ 190 = 0.737

完工产品应负担该步骤半成品的份额 = 150 × 0.737 = 111（千元）

月末在产品应分配的直接材料费 = 140 - 111 = 29 （千元）

据此，编制"第三步骤产品成本计算单"（见表 5 - 19）。

将"第三步骤产品成本计算单"完工产品应负担该步骤半成品的份额转"完工产品成本"计算表进行汇总，计算完工产品成本。

表5 - 19　第三步骤甲产品成本计算单

2015 年 5 月　　　　　　　　　　　　　　　　　　单位：千元

	摘要	直接材料	直接人工	制造费用	合计
1	月初在产品成本		10	15	25
2	本月发生费用		90	125	215
3	合计		100	140	240
4	月末结存以后步骤半成品		—	—	
5	产成品所耗该步骤半成品		150	150	
6	月末狭义在产品约当产量		80×50% = 40	80×50% = 40	
7	产量合计（4+5+6）		190	190	
8	单位成本（3÷7）		0.526	0.737	
9	计入产品成本份额（150件）（5×6）		79	111	190
10	月末在产品成本（3-9）		21	29	50

3. 将三个步骤应计入产品成本的"份额"平行汇总，编制"完工产品成本汇总计算表"（见表 5 - 20）

表5 - 20　完工产品成本汇总计算表

产品：甲产品　　　　　　　　　　　2015 年 5 月　　　　　　　　　　单位：千元

项目	数量	直接材料	直接人工	制造费用	合计
第一步骤		1 268	131	169	1 568
第二步骤			168	171	339
第三步骤	150		79	111	190
合计	150	1268	378	451	2 097
单位成本		8.45	2.52	3.01	13.98

四、平行结转分步法的优缺点

（一）优点

可简化和加速成本计算工作；能够直接提供按原始成本项目反映的产品成本资料，不必进行成本还原。

采用平行结转分步法计算产品成本，由于各步骤不计算所耗上一步骤半成品的成本，只计算本步骤所发生的费用应计入产成品成本中的份额，将这一份额平行汇总即可计算出产成品成本。因此，各生产步骤月末可以同时进行成本计算，不必等待上一步骤半成品成本的结转从而加快了成本计算工作的速度，缩短了成本计算的时间；同时，采用平行结转分步法，能直接提供按原始成本项目反映的产品成本的构成，有助于进行成本分析和成本考核。

（二）缺点

不能提供半成品成本资料及各步骤耗用上一步骤半成品费用资料，因而不能全面反映各步骤生产耗费的水平，不利于各步骤的成本管理。

各步骤不计算、不结转半成品成本，不能为在产品的实物管理和资金管理提供资料。半成品成本的结转同其实物结转相脱节，各步骤月末在产品成本不仅包括本步骤正在加工中的在产品，而且也包括转入下一步骤但尚未最后制成产成品的那些半成品在本步骤中发生的费用，这样，各步骤成本计算单上的月末在产品成本与实际结存在该步骤的在产品成本就不一致，因而，不利于加强对生产资金的管理。所以，平行结转分步法一般适用于不需提供各步骤半成品成本资料的企业采用。

本章小结

分步法是以产品生产步骤和产品品种为成本计算对象，来归集和分配生产费用、计算产品成本的一种方法。适用于连续、大量、多步骤生产的工业企业从原材料投入到产品完工，要经过若干连续的生产步骤，除最后一个步骤生产的是生产成品外，其他步骤生产的都是完工程度不同的半成品。这些半成品，除少数可能出售外，都是下一步骤加工的对象。因此，应按步骤、按产品品种设置产品成本明细账，分别成本项目归集生产费用。

练习题

一、名词解释

分步法。

逐步结转分步法。

平行结转分步法。

成本还原。

二、单项选择题

1. 成本还原的对象是（　　　）。

A. 本步骤生产费用　　　　　　　B. 上步骤转来的生产费用

C. 产成品成本　　　　　　　　　D. 各步骤所耗上一步骤半成品的综合成本

2. 在产品成本计算的分步法下，假设本月产成品所耗半成品费为 a 元，而本月所产半成品成本为 b 元，则还原分配率为（　　　）。

A. a/（a−b）　　　B.（a−b）/a　　　C. a/b　　　D. b/a

3. 成本还原是指从（　　　）生产步骤起，将其耗用上一步骤的自制半成品的综合成本，上步骤完工半成品的成本项目的比例分解还原为原来的成本项目。

A. 最前一个　　　　B. 中间一个　　　　C. 最后一个　　　D. 随意任选个

4. 在逐步结转分步法下，其完工产品与在产品之间的费用分配，是指在（　　　）之间的分配。

A. 产成品与广义的在产品

B. 完工半成品与月末加工中的在产品

C. 产成品与月末在产品

D. 前面各步骤完工半成品与加工中的在产品，最后步骤的产成品与加工中的在产品

5. 在逐步结转分步法下，根据半成品入库单等原始凭证，应编制会计分录为（　　　）。

A. 借：产成品　　　　　　　　　　贷：半成品费用

B. 借：自制半成品　　　　　　　　贷：基本生产成本

C. 借：半成品费用　　　　　　　　贷：产成品

D. 借：基本生产成本　　　　　　　贷：自制半成品

6. 分项结转分步法的缺点是（　　）。

A. 成本结转工作比较复杂

B. 需要进行成本还原

C. 不能提供原始项目的成本资料

D. 不便于加强各生产步骤的成本管理

7. 采用平行结转分步法，无论半成品是在各生产步骤之间直接结转还是通过半成品库收发，都（　　）。

A. 不通过自制半成品科目进行总分类核算

B. 通过自制半成品科目进行总分类核算

C. 不通过产成品科目进行总分类核算

D. 通过产成品科目进行总分类核算

8. 在平行结转分步法下，其完工产品与在产品之间的费用分配，是指下列（　　）之间的费用分配。

A. 完工半成品与广义在产品　　　　B. 广义在产品与狭义在产品

C. 产成品与月末广义在产品　　　　D. 产成品与月末狭义在产品

9. 采用平行结转分步法（　　）。

A. 不能全面地反映各个生产步骤产品的生产耗费水平

B. 能够全面地反映最后一个生产步骤产品的生产耗费水平

C. 能够全面地反映各个生产步骤产品的生产耗费水平

D. 能够全面地反映第一个生产步骤产品的生产耗费水平

三、问答题

（1）试比较逐步结转分步法和平行结转分步法的优缺点。

（2）什么是成本还原？为什么要进行成本还原？

第六章

分 批 法

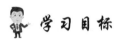 学习目标

1. 了解、掌握分批法的定义、适用范围、特点及核算程序。
2. 分批法的计算原理。

第一节　概述

一、分批法的概念

（一）概念

分批法是按照产品批别归集生产费用、计算产品成本的一种方法。在小批单件生产的企业中，企业的生产活动基本是根据订货单位的订单签发工作号来组织生产的，按产品批别计算产品成本，往往与按订单计算产品成本相一致，因而分批法也叫订单法。

（二）适用范围

分批法适用于单件、小批生产类型的企业，主要包括：①单件、小批生产的重型机械、船舶、精密工具、仪器等制造企业。②不断更新产品种类的时装等制造企业。③新产品的试制、机器设备的修理作业以及辅助生产的工具、器具、模

具的制造等，也可采用分批法计算成本。

二、分批法的特点

（一）成本计算对象

分批法的成本计算对象是产品的批别。但严格说来，按批别组织生产，并不一定就是按订单组织生产，还要结合企业自身的生产负荷能力，来合理组织安排产品生产的批量与批次，比如说：

其一，如果一张订单中要求生产好几种产品，为了便于考核分析各种产品的成本计划执行情况，加强生产管理，就要将该订单按照产品的品种划分成几个批别组织生产。

其二，如果一张订单中只要求生产一种产品，但数量极大，超过企业的生产负荷能力，或者购货单位要求分批交货的，也可将该订单分为几个批别组织生产。

其三，如果一张订单中只要求生产一种产品，但该产品属于价值高、生产周期长的大型复杂产品（如万吨轮），也可将该订单按产品的零部件分为几个批别组织生产。

其四，如果在同一时期接到的几张订单要求生产的都是同一种产品，为了更经济合理地组织生产也可将这几张订单合为一批组织生产。

（二）以产品的生产周期作为成本计算期

采用分批法计算产品成本的企业，虽然各批产品的成本计算单仍按月归集生产费用，但是只有在该批产品全部完工时才能计算其实际成本。由于各批产品的生产复杂程度不同、质量数量要求不同，生产周期也就各不相同。有的批次当月投产，当月完工；有的批次要经过数月甚至数年才能完工。可见完工产品的成本计算因各批次的生产周期而异，是不定期的。所以，分批法的成本计算期与产品的生产周期一致，与会计报告期不一致。

（三）生产费用一般不需要在完工产品和在产品之间分配

在单件或小批生产，购货单位要求一次交货的情况下，每批产品要求同时完工。这样该批产品完工前的成本明细账上所归集的生产费用，即为在产品成本；完工后的成本明细账上所归集的生产费用，即为完工产品成本。因此，在通常情况下，生产费用不需要在完工产品和在产品之间分配。

但是如果产品批量较大、购货单位要求分次交货时，就会出现批内产品跨月陆续完工的情况，这时应采用适当的方法将生产费用在完工产品和月末在产品之间分配。采用的分配方法视批内产品跨月陆续完工的数量占批量的比重大小多少而定。

三、分批法的类别

分批法因其采用的间接计入费用的分配方法不同，划分为一般分批法和简化分批法。

（一）一般分批法

采用当月分配率来分配间接计入费用的分批法称为一般的分批法（分批法），也称分批计算在产品成本的分批法。一般分批法的特点是分配间接费用（主要为制造费用）时，无论各批次或各订单产品是否完工，都要按当月分配率分配其应负担的间接费用。采用一般分批法，各月份月末间接费用明细账没有余额，未完工批次或订单也要按月结转间接费用，如果企业在投产批次比较多而多数为未完工批次或订单时，按月结转未完工批次产品的间接费用意义不大，而且手续烦琐，在这种情况下，就应考虑采用"简化分批法"分配间接费用。

（二）简化分批法

采用累计分配率来分配间接计入费用的分批法称为简化的分批法，也称不分批计算在产品成本的分批法，是一般分批法的简化形式。"累计分配法"的特点是分配间接费用时，只对当月完工的批次或订单按累计分配率进行分配，将未完工批次或订单的间接费用总额保留在间接费用明细账中不进行分配，但在各批产品成本计算单中要按月登记发生的工时，以便计算各月的累计分配率和在某批次产品完工时，按其累计工时汇总结转应负担的间接费用总额。采用"累计分配法"，间接费用明细账月末留有余额，完工的批次或订单一次负担其间接费用，因此，可以简化成本核算工作。

在采用分批法进行成本计算的企业中，特别是小批单件生产的企业或车间有时会出现在同一条生产线（车间）上同时生产多批产品的情况（如食品企业等），而且各批产品的成本计算期跨越几个月份。在实务工作中可以采用简化的分批法来进行计算，即"不分批计算在产品成本的简化分批法"。在发生完工产品的月份，才按照其累计工时的比例对间接计入费用进行分配，计算完工产品成本，将计算的结果登记到基本生产成本明细账中。没有完工产品的月份，不进行间接费用的分配。

简化的分批法特点：简化的分批法与一般的分批法相比较，具有以下特点：

（1）采用简化的分批法必须设立基本生产成本二级账。

（2）每月发生的间接计入费用，不是按月在各批产品之间进行分配。

（3）采用这种方法，到产品完工时合并在一起进行累计间接计入费用分配。但是，如果各月的间接费用水平相差悬殊，采用这种方法会影响各月成本计算的准确性。

四、分批法的成本计算程序

（一）开设成本明细账

基本车间开设"基本生产成本明细账"，按照批别开设"产品成本计算单"，账内按照成本项开设专栏；基本车间开设"制造费用明细账"，辅助车间开设"辅助生产成本明细账"，账内按照费用项目开设专栏。

（二）分配各种要素费用

根据各生产费用的原始凭证或原始凭证汇总表和其他有关资料，编制各种要素费用分配表，分配各要素费用并登账。主要包括材料费用的分配、人工费用的分配、折旧费用的分配、其他费用的分配。月末编制"要素费用分配表"，并根据"要素费用分配表"编制会计分录，登记有关明细账。对于直接计入费用，应按产品批别列示并直接计入各个批别的"产品成本计算单"；对于间接计入费用，应按生产地点归集，并按适当的方法分配计入各个批别的"产品成本计算单"。

（三）分配辅助生产费用

月末，计算各"辅助生产成本明细账"的本月费用合计，结合辅助车间提供劳务量的资料，采用一定的分配方法编制"辅助生产费用分配表"进行费用的分配，并根据"辅助生产费用分配表"，编制会计分录，登记有关明细账。

（四）分配基本生产车间制造费用

采用一般分批法的企业，月末编制"制造费用分配表"，并根据"制造费用分配表"编制会计分录，登记有关明细账。采用简化分批法的企业，有产品完工的月末编制"制造费用分配表"，并根据"制造费用分配表"编制会计分录，登记有关明细账。

（五）归集分配完工批别和未完工批别成本

月末根据完工批别产品的完工通知单，将计入已完工的该批产品的"产品成本计算单"上所归集的生产费用，按成本项目加以汇总，计算出该批完工产品的总成本和单位成本，并转账。如果出现批内产品跨月陆续完工并已销售或提货的情况，这时应采用适当的方法将生产费用在完工产品和月末在产品之间分配，计算出该批已完工产品的总成本和单位成本。成本的明细分类核算程序如图 6-1 所示。

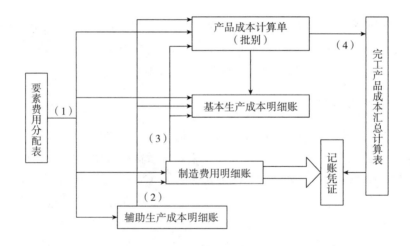

图 6-1 成本的明细分类核算程序

注：（1）编制"要素费用分配表"，分配各要素费用进入有关成本费用账户。

（2）编制"辅助生产费用分配表"，分配辅助生产费用进入各有关成本费用账户。

（3）编制基本生产车间"制造费用分配表"，分配基本生产车间制造费用进入各基本生产成本账户。

（4）编制"完工产品成本计算表"，计算完工产品和在产品成本。

第二节　分批法举例

一、一般分批法

【例6-1】某单件小批生产企业有第一、第二两个基本生产车间和机修辅助车间。2015年5月第一基本车间有关资料如下（第二基本车间资料略）：

（1）401号甲产品2台，3月投产，本月全部完工。3~4月累计费用为：直接材料5 000元，直接人工12 000元，累计工时6 800小时，制造费用8 800元。本月发生费用：直接材料10 000元，直接人工9 600元，累计工时3 200小时，制造费用3 400元。

（2）402号丙产品4台，4月投产，本月全部未完工。4月生产费用为：直接材料35 000元，直接人工6 400元，累计工时3 400小时，制造费用4 000元。本月发生费用：直接材料15 000元，直接人工9 800元，累计工时3 600小时，制造费用3 800元。

（3）502号丁产品6台，5月投产，5月502订单完工交货3台，另3台尚未完工，完工程度50%。本月发生费用：直接材料48 000元，直接人工6 750元，累计工时2 250小时，制造费用2 250元。

［假设］401号、402号、502号订单的原材料于开工时一次投足。

［要求］

计算完工订单产品成本。

解答：

（1）开设有关明细账。

开设第一车间的"基本生产成本明细账"（见表6-1），开设401号、402号、502号计算单，如表6-2~表6-4所示，根据完工订单产品成本，编制"完工产品成本汇总计算表"（见表6-5）。

（2）要素费用的分配（略）。

（3）部门费用的分配（略）。

表 6-1　基本生产成本明细账

车间：第一基本车间　　　　　　　　2015 年 5 月

		摘要	直接材料	直接人工	制造费用	合计
5	1	月初在产品成本	85 000	18 400	12 800	116 200
	31	分配材料费用	73 000			73 000
	31	分配的人工费用		26 150		26 150
	31	分配的制造费用			9 450	9 450
	31	本月合计	73 000	26 150	9 450	108 600
	31	合计	158 000	44 550	22 250	224 800
	31	结转完工产品成本	84 000	26 100	13 700	123 800
	31	月末在产品成本	74 000	18 450	8 550	101 000

表 6-2　产品成本计算单

产品批号：401　　　　　　　　　车间：一车间

产品名称：甲产品　　　　　　　　开工日期：3 月

产品批量：2 台　　2015 年 5 月　　完工日期：5 月　　　　　　　　单位：元

		摘要	直接材料	直接人工		制造费用	合计
				工时	金额		
4		略					
5	1	月初在产品成本	50 000	6 800	12 000	8 800	70 800
	31	本月分配材料费用	10 000				10 000
	31	本月分配人工费用		3 200	9 600		9 600
	31	本月分配制造费用				3 400	3 400
	31	本月合计	10 000	3 200	9 600	3 400	23 000
	31	合计	60 000	10 000	21 600	12 200	93 800
	31	转出产成品成本	60 000	10 000	21 600	1 200	93 800

表 6-3　产品成本计算单

产品批号：402　　　　　　　　　车间：一车间

产品名称：丙产品　　　　　　　　开工日期：4 月

产品批量：4 台　　2015 年 5 月　　完工日期：4 月　　　　　　　　单位：元

		摘要	直接材料	直接人工		制造费用	合计
				工时	金额		
4		略					
5	1	月初在产品成本	35 000	3 400	6 400	4 000	45 400

		摘要	直接材料	直接人工		制造费用	合计
				工时	金额		
	31	本月分配材料费用	15 000				15 000
	31	本月分配人工费用		3 600	9 800		9 800
	31	本月分配制造费用				3 800	3 800
	31	本月合计	15 000	3 600	9 800	3 800	32 200
	31	合计	50 000	10 000	16 200	78 000	74 000
	31	转出产成品成本	50 000	10 000	16 200	78 000	74 000

表 6 - 4 产品成本计算单

产品批号：502　　　　　　　　车间：一车间

产品名称：丁产品　　　　　　　开工日期：5 月

产品批量：6 台　　2015 年 5 月　　完工日期：5 月、6 月　　　　　　　　单位：元

		摘要	直接材料	直接人工		制造费用	合计
				工时	金额		
5	31	本月分配材料费用	48 000				48 000
	31	本月分配人工费用		2 250	6 750		6 750
	31	本月分配制造费用				2 250	2 250
	31	合计	48 000	2 250	6 750	2 250	57 000
5	31	转出产成品成本	24 000	1 500	4 500	1 500	30 000
	31	月末在产品成本	24 000	750	2 250	750	27 000

表 6 - 5 完工产品成本汇总计算表

2015 年 5 月　　　　　　　　　　　　　　　　单位：元

产品		直接材料	直接人工	制造费用	合计
甲	总成本（2 台）	60 000	21 600	12 200	93 800
乙	总成本（3 台）	24 000	4 500	1 500	30 000
合计		84 000	26 100	13 700	123 800

根据表 6 - 5，编制会计分录：

借：库存商品　　　　　　　　　　　　　　　　　　123800

　　贷：生产成本　　　　　　　　　　　　　　　　　123800

二、简化分批法

【例6-2】某企业有一个基本生产车间和机修、蒸汽两个辅助生产车间，基本生产车间生产2010、2012、4018、4019、4020、5010、5011共7批产品，各批产品投产及完工日期如表6-6所示，本月2010批次产品完工，其他6批次均未完工。产品成本计算采用分批法，由于该企业投产批次比较多，完工批次较少，因此，制造费用的分配采用累计分配率法。2015年5月末有关成本资料见表6-7，2015年6月其他有关资料如表6-8～表6-11所示。

表6-6　各批产品生产情况资料

2015年6月

批号	产品名称	产量（件）	投产日期	完工情况
2010	甲	60	4月5日	本月末全部完工
2012	乙	40	5月3日	未完工
4018	丙	20	6月1日	未完工
其他批次			6月1日	未完工

表6-7　2015年5月末各批产品生产成本累计余额

2015年6月

批号	产品	累计工时	直接材料	直接工时	燃料费用	制造费用
2010	甲	10 000	110 000	18 000	11 000	
2012	乙	4 000	60 000	7 000	4 000	
合计		14 000	170 000	25 000	15 000	39 000

表6-8　各批产品本月生产工时资料

2015年6月　　　　　　　　　　　　　　　单位：小时

批号（产品）	生产工时
2010（甲）	12 000
2012（乙）	10 000
4018（丙）	9 000
其他批次	36 000
合计	67 000

表6-9 材料费用分配表

2015年6月

批号	直接耗用	共同耗用					耗用总额（元）
		产量（件）	单位定额	定额耗用量	分配率	分配金额	
2010	50 000	60	120	7 200		11 628	61 628
2012	10 000	40	80	3 200		3 876	13 876
4018	4 000	20	40	800		1 296	5 296
小计	64 000	120		10 400	1.615	16 800	80 800
其他批次	略	略	略	略	略	略	略
基本车间消耗材料							5 700
机修车间消耗材料							2 000
蒸汽车间消耗材料							1 500
厂部行政管理部门消耗材料							2 500
合计							92 500

表6-10 工资及福利费分配表

2015年6月 单位：元

部门		工资	福利费（14%）
基本车间	生产工人：2010、2012、4018	40 000	5 600
	其他批次	略	略
	管理人员	5 500	770
机修车间		10 000	1 400
蒸汽车间		15 000	2 100
行政管理人员		10 000	1 400
合计		80 500	11 270

表6-11 外购动力费用分配表

2015年6月

受益单位			用电费用（元）
基本车间	生产产品	2010	8 000
		2012	6 000
		4018	4 000
		其他批次	略
	车间一般		2 500

续表

受益单位	用电费用（元）
机修车间	5 500
蒸汽车间	4 500
行政管理	2 000
合计	32 500

[**要求**] 开设 2010、2012、4018 三批次的"产品成本计算单"和"制造费用明细账"；根据上述资料进行要素费用的分配、进行制造费用分配、计算并结转完工产品成本。

解答：

（1）开设有关明细账。

设置基本生产成本明细账（略），设置机修、蒸汽两个辅助生产年间的"辅助生产成本明细账"（略），设置"制造费用明细账"见表 6-14，设置 2010、2012、4018 三张"产品成本计算单"，见表 6-15、表 6-16、表 6-17。

（2）要素费用分配。

1）材料费用分配。根据表 6-9"材料费用分配表"，编制会计分录：

借：生产成本——基本生产成本	80 800
——辅助生产成本	3 500
制造费用	5 700
管理费用	2 500
贷：原材料	92 500

根据表 6-9"材料费用分配表"登记有关明细账。

2）根据表 6-10"工资及福利费分配表"，编制会计分录：

借：生产成本——基本生产成本	45 600
——辅助生产成本	28 500
制造费用	6 270
管理费用	11 400
贷：应付职工薪酬	91 770

根据"工资及福利费分配表"（见表 6-10）、"工资及福利费明细分配表"（见表 6-12），登记有关明细账。

表 6 – 12   工资及福利费明细分配表

2015 年 6 月 单位：元

批号	生产工人工资			生产工人福利费（14%）
	生产工时（小时）	分配率	分配金额	分配金额
2010	12 000		15 480	2 167
2012	10 000		12 900	1 806
4018	9 000		11 620	1 627
合计	31 000	1.29	40 000	5 600

注：工资的分配标准为各批号产品 6 月生产工时。

3）根据表 6 – 11 "外购动力费用分配表"，编制会计分录：

借：生产成本——基本生产成本 18 000

　　　　　　——辅助生产成本 10 000

　　制造费用 2 500

　　管理费用 2 000

　　贷：应付账款 32 500

根据表 6 – 11 "外购动力费用分配表"，登记有关明细账。

（3）辅助生产费用的分配（略）。

（4）制造费用的分配。

根据表 6 – 14 "制造费用明细账"的月末合计数 53 470 元，结合表 6 – 8 "各批产品本月生产工时资料"，采用累计分配率法编制"制造费用分配表"（见表 6 – 13），根据表 6 – 13 "制造费用分配表"，将完工 2010 批次产品应负担的制造费用分配计入其生产成本，编制会计分录。

借：生产成本——基本生产成本 14 520

　　贷：制造费用 14 520

根据表 6 – 13 "制造费用分配表"，登记有关明细账。

表 6 – 13   制造费用分配表

2015 年 6 月

批号		生产工时（小时）	分配率	分配金额（元）
完工	2010	22 000		14 520
未完工	2012	14 000		
	4018	9 000		

批号		生产工时（小时）	分配率	分配金额（元）
未完工	其他批次	36 000		
	小计	59 000		38 950
合计		81 000	0.66	53 470

表 6-14　制造费用明细账

2015 年 6 月　　　　　　　　　　　　　　　单位：元

摘要	职工薪酬	机物料	水电费		合计
期初余额					39 000
本月发生额	6 270	5 700	2 500		14 470
合计					53 740
本月转出					14 520
月末余额					38 950

（5）完工产品成本计算与结转。

根据有关分配表，登记 2010、2012、4018 批次"产品成本计算单"如表 6-15~表 6-17 所示，计算并结转完工 2010 批次完工产品成本。

表 6-15　产品成本计算单

产品批号：2010　　　　　　　订货单位：

产品名称：甲产品　　　　　　开工日期：2015.4.5

产品批量：60 件　　　　　　　完工日期：2015.6.3　　　　　　单位：元

摘要	直接材料	直接人工	燃料动力	制造费用	合计
月初在产品成本	110 000	18 000	11 000		139 000
本月发生费用	61 628	17 647	8 000	14 520	101 795
合计	171 628	35 647	19 000	14 520	240 795
转出完工产品成本	171 628	35 647	19 000	14 520	240 795
单位成本	2 860.47	594.12	316.67	242	4 013.25

结转 2010 批次完工产品成本 240 800 元，编制会计分录。

借：库存商品　　　　　　　　　　　　　　　　　　　240 795

　　贷：生产成本——基本生产成本　　　　　　　　　　240 795

表6-16 产品成本计算单

产品批号：2012　　　　　　订货单位：

产品名称：乙产品　　　　　　开工日期：2015.6.1

产品批量：40台　　　　　　　完工日期：　　　　　　　　　　单位：元

摘要	直接材料	直接人工	燃料动力	制造费用	合计
月初在产品成本	6 000	7 000	4 000		17 000
本月发生的费用	13 876	14 706	6 000		34 582
合计	73 876	21 706	10 000		51 582
月末在产品成本	73 876	21 706	10 000		51 582

表6-17 产品成本计算单

产品批号：4018　　　　　　订货单位：

产品名称：丙产品　　　　　　开工日期：2015.6.1

产品批量：200台　　　　　　完工日期：　　　　　　　　　　单位：元

摘要	直接材料	直接人工	燃料动力	制造费用	合计
分配材料费用	5 296				5 296
分配工资及福利费		13 247			13 247
分配动力费用			4 000		4 000
合计	5 296	13 247	4 000		22 543
月末在产品成本	5 296	13 247	4 000		22 543

 本章小结

　　分批法是以产品的批次或订单作为成本计算对象来归集生产费用、计算产品成本的一种方法。分批法主要适用于单件和小批的多步骤生产，成本计算期是不固定的，一般把一个生产周期（从投产到完工的整个时期）作为成本计算来计算产品成本。由于在未完工时没有完工产品，完工后又没有在产品，完工产品和在产品不会同时并存，因而也不需要把生产费用在完工产品和成品之间进行分配。

练习题

一、名词解释

分批法。

二、单项选择随

1. 分批法的主要特点是（　　　）。

A. 以产品批别为成本计算对象

B. 生产费用不需要在批内完工产品与在产品之间进行分配

C. 费用归集与分配比较简便

D. 成本计算期长

2. 分批法适用于（　　　）。

A. 大批生产　　B. 单件和小批生产　　C. 大量生产　　D. 多步骤生产

第七章
管理会计基本方法

学习目标

1. 了解成本性态的意义。
2. 理解与决策相关的成本的意义。
3. 理解固定成本、变动成本的构成、特性并能做出判别。
4. 掌握变动成本法与完全成本法损益计算。
5. 理解变动成本法与完全成本法损益差异的原因。

第一节　管理会计概述

一、管理会计含义

管理会计以企业现在和未来的资金运动为对象，以提高经济效益为目的，为企业内部管理者提供关于企业内部计划、评价、控制以及确保企业资源的合理使用和经营责任的履行所需财务信息的确认、计量、归集、分析、编报、解释和传递过程。管理会计是以强化企业内部经营管理、提高企业经济效益为最终目标的信息处理系统。

二、成本按性态分类

成本按性态分类是管理会计中最重要的一种分类。成本按性态分为三类：固定成本、变动成本和混合成本。有关固定成本、变动成本、混合成本的特点及模型将在本章第二节介绍。

三、成本按与决策的关系分类

成本按与决策的关系分为相关成本和无关成本。

（一）相关成本

相关成本是指与特定决策方案相联系的，能对决策产生重大影响的、在短期经济决策中必须予以充分考虑的成本。相关成本重点包括差量成本、机会成本、专属成本、边际成本。

1. 差量成本

差量成本也称增量成本，是指在决策分析时，两个备选方案预计成本之间的差额或单一决策方案由于生产能力利用程度的不同而表现在成本方面的差额。

2. 机会成本

机会成本是在决策过程中，由于选取最优方案而放弃的次优方案所丧失的潜在的收益，是选择目前接受的方案所付出的代价。例如，某企业有一台设备，生产甲产品，每年可获利 100 000 元；生产乙产品，每年可获利 150 000 元；如果出租，每年可获得租金 120 000 元。按照成本最大化原则，该企业选择了生产乙产品这个获利最多的最优方案，也就放弃出租这个次优方案，同时放弃了出租设备每年获租金收入 120 000 元的机会。因此，出租设备每年的租金是选择"生产乙产品"这个最优方案机会成本。

机会成本不是一般意义上的成本，不是一种实际的支出或费用，也不需要在会计账册上反映，而是放弃机会的潜在收益。机会成本在决策时必须充分考虑现实因素，否则会造成决策的失误。

3. 专属成本

专属成本是指能够明确归属于特定决策方案的固定成本或混合成本。采纳某一决策方案有时也会增加固定成本，这些固定成本往往是为了弥补生产能力的不足而增加有关装置、设备、工具等长期资产而发生的支出。

4. 边际成本

边际成本是业务量增加或减少一个单位所引起的成本变动。

（二）无关成本

无关成本是与特定决策没有关系的成本项目。无关成本中应重点区分沉没成本和共同成本。

1. 沉没成本

沉没成本实际上就是历史成本，是指由于过去决策所引起并已经实际支付过款项的成本。目前或将来的决策已无法改变。例如，光华公司6年前从中国台湾引进一套生产线，共支付各种费用200 000元，但一直没有形成生产能力。技术部门重新启动该项目，进行可行性分析。过去已经发生的200 000元支出是无法改变的，称为沉没成本。

2. 共同成本

共同成本是指应当由多个方案共同负担的注定要发生的固定成本或混合成本，是与专属成本相对立的成本。

相关链接

决定一项成本信息是否与决策问题相关，主要看两条准则：一是面向未来决策的结果将发生在未来，二是与决策相关的成本是发生在未来的费用支出。如与航空公司决策相关的成本信息包括未来在公司两个备选方案下发生的成本。在过去发生的公司航线上的成本将不随管理决策的变化而变化，它与现在的决策无关，是可选择方案之间存在的差异，在所有可获取的备选方案中，同样都要发生的那部分成本对决策不会产生任何影响。

四、成本的其他分类

成本还可以按以下几种不同标准进行分类，以满足管理上的特定需要。

（一）按核算对象划分

成本按核算对象可划分为产品成本、责任成本及质量成本。

1. 产品成本

产品成本是以产品为核算对象，将产品生产过程中耗用的经济资源的货币表现对象化归集到产品中即为产品成本。产品成本的内容由于所采用的成本计算制度不同而有所不同。目前，采用的成本计算制度主要有两种：完全成本计算和变动成本计算。详细内容将在本章第三节中介绍。

2. 责任成本

为了分清成本发生的责任，以有利于成本控制和评价，产品生产过程中发生的各种耗费按责任单位（责任中心）归集和核算，即形成责任成本。责任成本以责任中心为核算对象，对费用的归集与分配遵循可控性原则，"谁受益，谁承担"。

3. 质量成本

产品质量是企业的生命，各种类型的企业都把产品质量放在首位，从产品的研制、生产，直到销售和使用，企业需要做大量的工作，必然发生有关的费用。为了保证和提高产品质量而发生的成本，以及因为质量问题而发生的各种损失、费用，构成了质量成本。质量成本一般包括四部分内容：预防成本、鉴定成本、废品损失、产品"三包"损失。

（二）按成本追溯到成本对象的方式划分

成本按成本追溯到成本对象的方式划分可以分为直接成本和间接成本。

1. 直接成本

能够直接追溯的成本计算对象的成本称为直接成本。产品成本中的直接材料和直接人工是直接成本，责任成本核算中责任中心发生的成本也是直接成本。营销人员的工资是营销部门的直接成本。

2. 间接成本

不能够直接追溯的成本计算对象的成本称为间接成本。如某公司的广告费是组装车间的间接成本、公司董事长的工资属于各生产车间的间接成本。

一项成本是直接成本还是间接成本，取决于所考虑的部门。一项成本在组织中一个部门是直接成本，在另一个部门可能是间接成本。

上述成本分类，反映了企业管理对成本信息要求的多样性。

第二节　成本性态分析

一、成本性态的含义

成本性态又称成本习性，是指在一定条件下，成本总额同业务量之间的依存关系。业务量（以下用 x 表示）是指组织提供产品或服务的一种计量。它既可以是产出量也可以是投入量。例如，通用汽车公司制造汽车的数量（产出量），制造一定量的汽车机器运转时数（投入量），生产一定量的汽车投入的人工工时数（投入量）；医院为病人提供看护的天数及保险公司解决的保险索偿数目，都是对业务量的计量。

成本总额（以下用 y 表示）是指在一定的期间内，企业为取得一定的营业收入而发生的营业成本费用，包括全部生产成本和全部非生产成本。

一定条件是指业务量的一定变动范围，即相关范围。相关范围是指不会改变或破坏特定成本项目固有习性的业务量变动范围。

成本按性态分为三类：固定成本、变动成本和混合成本。

二、固定成本

固定成本是指在相关范围内，其成本总额不随业务量的变动而变动并保持相对稳定的成本费用。例如，耐克工厂的厂房和设备折旧费、广告费、管理人员的工资等。

固定成本具有以下特点：

其一，固定成本总额的不变性。即在相关范围内，成本总额不随业务量变动。固定成本总额模型是：$y = a$（a 表示固定成本总额）。

其二，单位固定成本的反比例变动性。即在相关范围内，单位产品固定成本随业务量的增加而相应地减少。单位固定成本模型是：$y = a \div x$。

【例 7-1】某企业生产一种产品，其所需的加工设备，按月计算的折旧费为 15 000 元。该设备的最大生产能力为 20 000 件。则产量在 20 000 件内变动对成本的影响如表 7-1 所示。

表 7-1 生产量与折旧费的关系

年生产量 x（件）	固定成本总额 a（元）	单位产品固定成本 y（元）
5 000	15 000	3.00
10 000	15 000	1.50
15 000	15 000	1.00
20 000	15 000	0.75

在【例 7-1】中，企业年产量从 5 000 件逐渐增加到 20 000 件，每年的固定资产折旧费总额始终保持不变，均为 15 000 元，但单位产品分摊的折旧费却随着生产量的增加而从 3 元逐渐下降到 1.5 元、1 元和 0.75 元。

用数学模型对固定成本的性态进行分析：假设 x 代表产量，a 代表固定成本总额。则有固定成本总额 $y = a = 15\ 000$ 元，单位固定成本 $= a/x$。固定成本总额不受产量变动影响而保持不变的特性，表现为一条与横轴（产量）平行的直线。单位固定成本与产量成反比例变动的基本特征，表现为一条随着产量的增加而递减的曲线。

企业在一定时期的固定成本按其支出数额多少是否受管理当局的决策影响可进一步分为"约束性固定成本"和"酌量性固定成本"两类。

约束性固定成本亦称"经营能力成本"，是指支出数额不受管理当局决策行动影响的固定成本。它和整个企业生产经营能力（包括基本组织机构）的形成及其正常维护是直接相联系的，如除工作量法核算外的固定资产折旧费、保险费、财产税、管理人员的工资等。这些成本是企业生产经营活动中必须负担的最低成本，其发生数额的多少直接受到企业已经形成的生产、销售能力和已经建立的基本组织机构的制约，在较短时期内不能轻易改变，具有较大程度的约束性，因而可在企业生产经营的较长时期内继续存在和发挥作用。而且由于企业日益采用"资本密集化"的经营方式，这一类成本在总成本中所占的比重将不断提高。在这种情况下，经济、合理地形成和有效地利用企业的生产经营能力，就成为企业提高经济效益的一个重要条件。

酌量性固定资本亦称"抉择性固定成本"，是指通过管理当局的决策行动能够改变其数额的固定成本。它是由企业管理部门按照经营方针的要求，通过确定未来某一会计期间的有关预算形式而形成的，如企业的研究开发费、广告费、职工培训费等。从较长的经营期间看，这类成本支出数额的多少可以依据企业每一会计期间的生产经营实际需要和财务负担能力而改变，但一经确定，则一般在一个特定的预算期内不变，并存在和发挥作用。

对于固定成本的所谓"固定性"不能绝对化地去理解。不仅从较长的期间看固定成本的两个组成部分——约束性固定成本和酌量性固定成本，它们将随着情况的变化和企业经营方针的改变而有所增减；就是从较短的期间（如一年）看，其发生额不受产销量变动的影响也是有条件的，也就是说，产销量在一定范围内变动，固定成本总额保持不变。这里所说的一定范围通称为"相关范围"。产销量超过这个范围，固定成本也将发生变动。因为所要完成的产量如果超过现有的生产能力，势必要扩建厂房、增加设备或扩充必要的人员、机构，从而使原属于固定成本中的固定资产折旧、大修理费和管理人员工资等相应地增加；甚至广告宣传费也可能要为此而发生一定的追加，才能将所增产的产品销售出去。固定成本的发生额为一定的"相关范围"所制约。

三、变动成本

变动成本，是指其成本总额随业务量变动成正比变动的有关成本费用。例如，克莱斯勒公司的汽车产量如果增加 5%，其耗用的金属片的成本也将增加大约 5%；如果必胜客的顾客增加 10%，餐厅耗用的纸巾和其他纸制品的成本也会增加大约 10%。

变动成本的特点：

其一，成本总额的成正比例变动性。在相关范围内，变动成本总额随业务量变动成正比例变动。变动成本总额模型是：$y = bx$（b 表示单位变动成本）。

其二，单位变动成本的不变性。在相关范围内，单位变动成本不随业务量的增减而变化。单位变动成本模型是：$y = b$。

【例 7-2】某净水器厂生产的家用净水器以活性炭作为净化材料，活性炭消耗成本是家用净水器的变动成本，每台净水器耗用活性炭 20 元，该厂家用净水器的生产量与活性炭消耗成本的关系如表 7-2 所示。

表 7-2　产量与变动成本的关系

生产量（千台）	变动成本总额（万元）	单位变动成本（元）
1	2	20
2	4	20
3	6	20
4	8	20

在表 7-2 中，家用净水器的生产量从 1 000 台，逐渐增加到 4 000 台，活性炭的总成本相应地从 20 000 元逐渐增加到 80 000 元；生产量和活性炭的消耗总成本的变动方向和变化比例相同。但无论产量如何变动，每台家用净水器的活性炭消耗成本均为 20 元，始终不变。变动成本总额与产量之间的关系如图 7-1 所示，它是一条通过原点的直线。单位变动成本和产量之间的关系如图 7-2 所示，它是一条平行于横轴的直线。

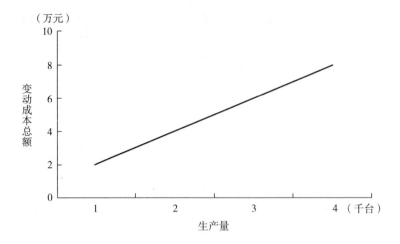

图 7 – 1　相关范围内的变动总额

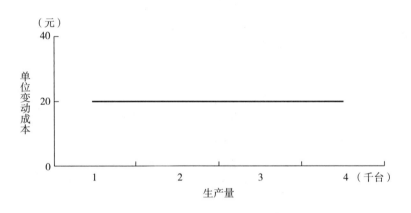

图 7 – 2　相关范围内的单位变动成本

　　变动成本的相关范围与固定成本相类似，变动成本也要研究成本与产量之间的变动的"相关范围"。也就是说，成本与产量之间的完全的线性关系，通常只能在一定的相关范围内存在；在相关范围之外，就可能表现为非线性的关系。例如，当一种产品还是以小批量生产时，单位产品的材料和工时的消耗都可能比较多，当产量增加到一定程度，就可以为材料、工时的更经济利用创造条件，从而使单位产品的材料和工时的消耗量相应地降低。这样，在产量增长的初始阶段，变动成本就不一定表现为同产量成比例地增加，而是表现为成本的增长幅度小于产量的增长幅度，使其总成本线呈现一定的向下弯曲（其斜率随着产量的增加而减少）；而在总产量达到一定数量以后，再继续生产，也可能出现一些新的不经济因素（如按累进率多付计件工资或多付加班补贴等），会影响单位产品的变动成本有所提高，从而使变动成本的总成本线呈现一定的向上弯曲（其斜率随着产量的增加而增大）。在产量增长的中间阶段，有关指标可能趋于平稳，使成本与产量之间呈现完全的线性关系，变动成本的"相关范围"就是对这段而言。

四、混合成本

混合成本又称半变动成本，是指成本总额随业务量变动也会发生变动，但不成正比例变动的成本费用。它包括固定和变动两个因素。例如，宏远物流公司租入运输设备，无论每月业务量水平如何变化，每月合同要求支付的租金5000元是固定成本，变动成本因素包括汽油、机油、日常维修、轮胎等的费用。混合成本模型是：

$$y = a + bx$$

其中，y代表混合成本总额，x代表业务量，a代表固定成本，b代表单位变动成本。

根据成本性态把企业的全部成本区分为固定成本和变动成本两大类，是管理会计规划和控制企业经济活动的前提。而在实际工作中许多成本项目兼有固定和变动的性质，并不能直接区分为固定成本和变动成本，表现为混合成本模型。那么我们可以用一定的方法将混合成本分解开来，再分别归入固定成本和变动成本中去，这就是混合成本的分解。

分解混合成本，一般有历史成本分析法、工程研究法、账户分类法和合同认定法。这四种成本分解方法各有其优缺点及适应性，在实际应用中常常互相补充和印证。我们重点介绍历史成本分析法、账户分类法和合同认定法。

五、总成本的函数模型

管理会计中，在明确各种成本的基础上，最终要将企业的全部成本区分为固定成本和变动成本两大类，从而建立总成本函数模型。由于成本与业务量之间存在一定的依存关系，所以总成本可以表示为业务量的函数，假定总成本可以近似地用一元线性方程来描述。在相关范围内，总成本可以用公式表示为：

$$y = a + bx$$

其中，y代表总成本，x代表业务量，a代表固定成本总额，bx代表变动成本总额。

[注意] 这里的固定成本就是真正意义上的固定成本与混合成本中的固定部分之和；变动成本总额是真正意义上的变动成本与混合成本中变动部分之和。在此基础上可以进行成本估计。客观、正确的成本估计将为企业的成本控制，各部门工作成果的评价与考核，以及企业产品或劳务的定价提供可靠的依据。

第三节　变动成本法

产品成本是产品生产过程中耗用的经济资源的货币表现，对象化归集到产品中即为产品成本。产品成本的内容由于所采用的成本计算制度不同而有所不同。目前所采用的成本计算制度主要有两种：完全成本计算和变动成本计算，简称完全成本法和变动成本法。我国会计准则和税法要求，在对外报告损益时使用完全成本法。而为了内部管理计划和控制的目的，许多企业偏好变动成本法计算产品成本。

一、变动成本法概述

变动成本法是变动成本计算法的简称，是指在计算产品成本和存货成本时，只包括产品生产过程中所消耗的直接材料、直接人工和变动性制造费用，固定性制造费用全部一次列入利润表，在发生的当期全额从当期收入中扣除。此种方法主要用于企业内部报表，为进行决策提供信息，是管理会计专用的一种成本计算方法。

变动成本计算法以成本性态分析为基础，仅把与产品生产过程直接联系的变动生产成本计入产品成本，而把固定制造费用作为期间成本直接从本期收入扣减。与完全成本计算法相比，变动成本计算法具有以下特点：

（1）企业税前利润由贡献式收益表来确定，分两步计算。

第一步，计算贡献毛益。

第二步，计算税前利润。

$$
\begin{aligned}
&\quad \text{销售收入}\\
&\underline{\text{减：变动成本}}\\
&\quad = \text{贡献毛益}\\
&\underline{\text{减：固定成本}}\\
&\quad = \text{税前利润}
\end{aligned}
$$

贡献式损益表概念与传统职能式损益表概念的冲突。按照变动成本计算法编制的贡献式损益表，是把销售收入减去变动成本总额，得出贡献毛益总额；再减去固定成本即为税前利润。按照完全成本计算法编制的职能式损益表是把所有成本按生产、销售、管理等经济职能进行排列，销售收入减去销售产品的生产成本，得出销售毛利，再减去期间费用（销售费用、管理费用、财务费用）即为税前利润。

（2）变动成本法与完全成本法的成本流转。

在完全成本计算法中，产品成本被定义为与产品生产有关的全部耗费。它要求将其中属于已销产品的生产成本转作销售成本同销售收入配比，并将未销售的产品的生产成本转作存货与未来预期获得的收入相配比。如图 7 - 3（a）所示。

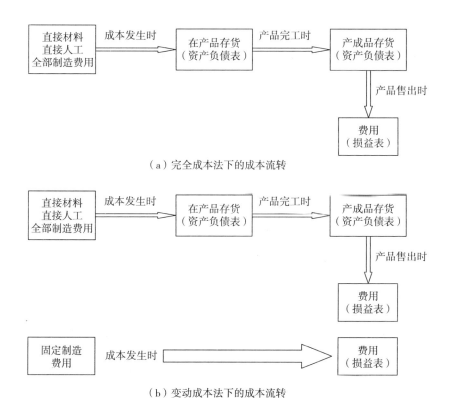

（a）完全成本法下的成本流转

（b）变动成本法下的成本流转

图 7 - 3 完全成本法与变动成本法的成本流转

在变动成本计算法中，产品成本被定义为：在生产过程中发生且随着产量的变动而变动，并对某一产品来说本期发生以后各期不再重复发生的成本。变动成本法下的期间成本是指与企业生产经营活动持续期的长短成正比的成本，应作为当期销售收入的扣减全部列入损益表；相应地，期末资产负债表中在产品、产成品等存货的计价，这部分费用也要排除在外。可见，对产品成本的不同理解，必然造成成本与收益配比概念的冲突。如图 7-3（b）所示。

管理会计中的贡献毛益与财务会计中的销售毛利含义是不同的，财务会计中的销售毛利 = 销售收入 - 已销产品的生产成本，已销产品的生产成本包括已销产品生产过程中发生的直接材料、直接人工、制造费用（变动制造费用和固定制造费用）；而贡献毛益 = 销售收入 - 变动成本总额，变动成本总额包括直接材料、直接人工、变动制造费用、变动销售和管理费用。可见，两者是不一致的。贡献毛益与销售毛利两种观念的冲突，正是两种不同的计算法下损益表产生差异的原因。

二、变动成本计算与完全成本计算的分析与比较

由于变动成本计算法与完全成本计算法对固定制造费用的处理方法不同，因而产生以下四个差异：

（一）产品成本和期间成本构成内容的分析与比较

完全成本计算法把固定性制造费用列入产品成本之内，变动成本计算法则没有，如表 7-3 所示。

表 7-3　产品成本和期间成本构成内容的比较

成本项目	完全成本法	变动成本法
产品成本	直接材料 直接人工 变动性制造费用 固定性制造费用	直接材料 直接人工 变动性制造费用
期间成本	销售费用 管理费用	固定性制造费用 销售费用 管理费用

【例 7-3】费尔公司 2015 年有关产品数据如表 7-4 所示，要求：计算两种成本法下的单位产品成本。

表7－4　费尔公司产品生产经营数据

期初存货	—
生产量（件）	10 000
销售量（单价300元）（件）	8 000
期末存货（件）	2 000
单位变动成本	
直接材料（元）	50
直接人工（元）	100
变动性制造费用（元）	50
变动性销售和管理费用（元）	10
固定成本	
固定性制造费用（元）	250 000
固定性销售和管理费用（元）	100 000

解：则分别采用两种计算方法所得出的单位产品成本如表7－5所示。

表7－5　两种成本计算方法的单位产品成本计算表　　　　单位：元

项目	完全成本计算法	变动成本计算法
直接材料	50	50
直接人工	100	100
变动性制造费用	50	50
固定性制造费用	25（250 000/10 000）	—
单位成本	225	200

表7－5说明，前者之所以较后者的单位成本多了25元，就是由于前者的每件产品"吸收"了固定性制造费用25元所致。

（二）对存货的计价的分析与比较

按完全成本计算法，已销产品、库存产成品、在产品均"吸收"了一定份额的固定性制造费用，也就是说各会计期末的产成品和在产品都是按全部成本计价。

而按变动成本计算法，无论是在产品、库存产成品还是已销产品，其成本都只包含变动成本。因此，期末存货是按变动成本计价的。

【例7－4】接【例7－3】假定该企业当年生产的10 000件产品中，已销售

8 000件，期末存货尚有2 000件。在采用完全成本计算时，资产负债表上的产品存货成本与损益表中的销售成本一样，每件均按225元计价，存货总价为450 000元（2 000×225）；而在采用变动成本计算时，资产负债表中2 000件产成品存货只按每件200元计价，存货总价为400 000元（2 000×200），全年发生的250 000元固定性制造费用则全额从损益表的销售收入中扣减。由此可见，完全成本计算法下产品对固定性制造费用的"吸收"使完全成本计算法的存货计价必然高于变动成本计算法的存货计价。高出的金额为50 000元［2 000×（225－200）］。

（三）分期损益的分析与比较

变动成本计算法中产品成本中只包括变动生产成本，而把固定性制造费用当作期间成本，全额列入损益表，作为该期销售收入的一个扣减项目，期末资产负债表上的在产品、产成品是按变动生产成本计价，固定成本不包括在内。

完全成本计算法下，则把变动生产成本与固定性制造费用都计入产品成本，已销售的产品和期末的在产品、产成品具有相同的成本组成。

【例7－5】接【例7－4】，用两种成本计算法计算损益。

表7－6　费尔公司变动成本法下的损益表　　　　　单位：元

项目	变动成本计算法
销售收入（元）	2 400 000
减：变动成本	1 680 000
变动产品销售成本	1 600 000
变动销售和管理费用	80 000
贡献毛益	720 000
减：固定成本	350 000
固定制造费用	250 000
固定销售和管理费用	100 000
税前净利润	370 000

在完全成本法下的净利润为420 000元，而变动成本下的净利润为370 000元，多出来50 000元，是由于公司本期生产产品10 000件，销售8 000件，期末库存200件，包含固定制造费用50 000元（25×2 000）。只有这些产品出售时，固定制造费用50 000元才能计入当期损益。因此，在完全成本法下，固定制造费用50 000元计入存货价值递延到未来期间确认为销售成本。

表7-7 完全成本计算法下的损益表 单位：元

项目	完全成本计算法
销售收入	2 400 000
减：销售产品成本	1 800 000
销售毛利	600 000
减：销售和管理费用	180 000
税前净利润	42 000

[注意] 在任何一种方法下，销售费用和管理费用，无论是变动的还是固定的，都不分配给产品而作为期间费用，因此销售费用和管理费用不计入存货成本，也不列示在资产负债表上。

小思考

费尔公司单位变动成本是多少？单位变动生产成本为多少？请注意它们之间的区别。单位变动生产成本不包括变动性销售费用和管理费用10元，而单位变动成本包括变动性销售和管理费用10元。

答案：费尔公司单位变动成本为210元（50﹢100+50+10），单位变动生产成本为200元（50+100+50）。

（四）生产、销售与利润之间关系的分析与比较

变动成本法下与完全成本法下所得利润的关系随着生产量和销售量关系的变化而变化。主要表现在当产销不平衡时，以两种成本计算为基础所确定的分期损益不同，表现出三种关系：①当产量与销量相等时，两种计算方法所得税前净利润也相等；②当生产量大于销售量时，以完全成本计算为基础所确定的税前净利润大于以变动成本计算为基础所确定的税前净利润；③当生产量小于销售量时，以完全成本计算为基础所确定的税前净利润小于以变动成本计算为基础所确定的税前净利润。

生产量、销售量和两种方法下计算的税前净利的关系概括如表7-8所示。请注意如果生产量大于销售量，存货增加。如果生产量小于销售量，存货减少。如果生产量等于销售量，期初存货等于期末存货。

表 7 - 8　生产量、销售量和利润的关系

（1）生产量　＞　销售量	完全成本法下的税前净利润＞变动成本法下的税前净利润
（2）生产量　＜　销售量	完全成本法下的税前净利润＜变动成本法下的税前净利润
（3）生产量　＝　销售量	完全成本法下的税前净利润＝变动成本法下的税前净利润

【例 7-6】为了说明这些关系，请思考下面以光华公司 2013 年、2014 年、2015 年的营业数据为例的例题。

表 7 - 9　光华公司 2013～2015 年的成本资料

项目	金额
单位变动成本	62.5
直接材料	40.0
直接人工	15.0
变动制造费用	5.0
变动销售和管理费用	2.5
固定成本	200 000
固定制造费用	150 000
固定性销售和管理费用	50 000

表 7 - 10　光华公司 2013～2015 年的营业数据

项目	2013 年	2014 年	2015 年
期初存货（件）	0	0	5 000
生产量（件）	15 000	15 000	15 000
销售量（件）	15 000	10 000	20 000
期末存货（件）	0	5 000	0
单价（元/件）	100	100	100

解：（1）变动成本计算法下的销售成本。如表 7 - 11 所示。

表 7 - 11　变动成本计算法下 2013～2015 年的销售成本　　　　单位：元

项目	2013 年	2014 年	2015 年
期初存货成本	0	0	300 000
变动生产成本	900 000	900 000	900 000

续表

项目	2013 年	2014 年	2015 年
可供销售产品成本	900 000	900 000	1 200 000
减：期末存货	0	300 000	0
产品销售成本	900 000	600 000	1 200 000

变动成本法编制的损益表如表 7 - 12 所示。

表 7 – 12　变动成本计算法下的损益表　　　　单位：元

项目	2013 年	2014 年	2015 年
销售收入	1 500 000	1 000 000	2 000 000
减：销售产品的变动成本			
变动生产成本	900 000	600 000	1 200 000
变动销售和管理费用	37 500	25 000	50 000
贡献毛益	562 500	375 000	750 000
减：固定成本			
固定制造费用	150 000	150 000	150 000
固定销售和管理费用	50 000	50 000	50 000
税前净利	362 500	175 000	550 000

（2）完全成本计算法下的销售成本如表 7 – 13 所示。

表 7 – 13　完全成本计算法下的销售成本　　　　单位：元

项目	2013 年	2014 年	2015 年
期初存货	0	0	300 000
本期生产成本	1 050 000	1 050 000	1 400 000
可供销售产品成本	1 050 000	10 500 000	1 400 000
减：期末存货	0	350 000	0
产品销售成本	1 050 000	700 000	1 400 000

完全成本法编制的损益表如表 7 – 14 所示。

表 7 – 14　完全成本法下的损益表　　　　单位：元

项目	2013 年	2014 年	2015 年
销售收入	1 500 000	1 000 000	2 000 000

续表

项目	2013 年	2014 年	2015 年
减：产品销售成本	1 050 000	700 000	1 400 000
销售毛利	450 000	300 000	600 000
减：销售和管理费用	87 500	75 000	100 000
税前净利	362 500	225 000	500 000

2013 年，两种方法计算的税前净利相等，本年生产的产品本期全部出售，两种方法下结转的固定制造费用相等。

2014 年，完全成本方法计算的税前净利比变动成本法计算的税前净利大 50 000 元（225 000 – 175 000），其原因是完全成本法下计入当期损益的固定制造费用比变动成本法下少 50 000 元。在完全成本法下，公司当期生产产品 15 000 件，销售 10 000 件，另 5 000 件的产品成为存货，此 5 000 件产品所占用的 50 000 元（5 000×10）固定制造费用流动到下期，待销售时才计入损益。而变动成本法下，全部固定制造费用 150 000 元全部计入当期损益，从销售收入中予以扣除。

2015 年，完全成本法计算的税前净利比变动成本法计算的税前净利小 50 000 元（500 000 – 550 000）。这是因为，完全成本法下不但把本期生产产品的固定制造费用 150 000 元计入当期损益，还把 2014 年流入本期的 5 000 件产品的固定制造费用 50 000 元（500×100）也计入当期损益。因此，完全成本法下本期计入当期损益的固定制造费用为 200 000 元，而变动成本法下只有 150 000 元。

两种方法所计算的税前利润差额正好等于存货中固定制造费用变动额。该变动额等于固定性制造费用分配率乘以期初存货和期末存货的变动数量（生产量和销售量的差额）。即其差额为：

完全成本法计算的利润 – 变动成本法计算的利润 = 固定制造费用分配率 ×（本期生产量 – 本期销售量）

2013 年的差额 = 150 000 ÷ 15 000 ×（15 000 – 15 000）= 0（元）

2014 年的差额 = 150 000 ÷ 15 000 ×（15 000 – 10 000）= 50 000（元）

2015 年的差额 = 150 000 ÷ 15 000 ×（15 000 – 20 000）= – 50 000（元）

相关链接

固定性制造费用分配率是指单位产品的固定制造费用。计算公式为：固定性制造费用分配率 = 固定制造费用总额/生产量，【例 7 – 6】中的固定制造费用分

配率 = 150 000 ÷ 15 000 = 10 （元）。期初、期末存货的变动量 = 生产量 − 销售量，因为期末存货量 = 期初存货量 + 本期生产量 − 本期销售量。

三、两种成本计算法的优缺点

（一）变动成本法的优缺点

1. 变动成本计算法的优点

（1）有利于正确地进行短期决策和加强经营控制。企业的短期决策不同于长期决策，这种决策一般不考虑生产经营能力的因素；在比较各种方案时，它最关心的是成本、产量、销售量、利润之间的依存关系，而变动成本计算法正好可提供这些信息，编制弹性预算是实现经营控制的一个重要手段，变动成本计算法又使弹性预算的编制成为可能。

（2）重视销售，防止盲目生产。采用定全成本计算法，很容易出现三种反常情况，特别是在销量下降、利润反而有所增长的情况下，更容易助长只重视生产，忽视销售这种不良倾向；反之，按变动成本计算法，利润与销售成正比，这样就促使管理当局必须扩展销路，才能增加利润。

（3）便于正确进行不同期间和不同部门的业绩评价。这里有两层意思：第一层是指同期业绩评价：当采用完全成本计算法时，如果本期的生产能力得不到充分利用，单位成本就将随产量的下降而上升。当其中部分产品转入下期销售时，这种损失还会部分地转嫁到下期，从而减少下期的利润；反之，则会猛增下期的利润，使盈亏不能正确反映当期的工作成绩，当采用变动成本计算法时就不会出现这种反常情况。第二层是指不同部门的业绩评价，一般情况下，变动成本的高低可反映出生产部门和供应部门的工作业绩，有助于分清各部门的经济责任。

（4）简化成本计算，避免固定成本分摊中的主观随意性。变动成本法把固定成本列为期间成本，从贡献在毛益总额中一次扣减，这样就可以省出许多间接费用的分摊，大大简化计算手续，同时也避免了分摊中的主观随意性。

2. 变动成本法的局限性

（1）不符合传统成本概念。传统成本概念认为，既然变动成本与固定成本都是产品生产时所必须支付的费用，两种成本就应计入产品成本中去，变动成本计算只将变动成本包括在产品成本之内，而将固定成本作为期间成本从当期销售毛益中扣减。

（2）不能完全适应长期决策的需要。长期决策不同于短期决策，它所要解决的是诸如增加或减少生产能力、扩大或缩小经营规模等方面的问题，需要能提出若干年后也相对准确的预测数据作为依据，但由于受到技术进步和通货膨胀等因素的影响，单位变动成本和固定成本总额可能发生很大的变化，在这种情况下变动成本计算法就难以胜任了。

（3）改变成本计算法会影响有关方面的利益。一切由完全成本法改用变动成本法为基础编制对外财务报表，一般都会降低期末存货的计价，因此也就会减少企业的当期利润，进而影响到征税机关的所得税收入和投资者的股利收益。

（二）完全成本法的优缺点

1. 完全成本计算法的优点

（1）刺激企业加速发展生产的积极性。按照完全成本计算法，产量越大，则单位固定成本就越低，从而整个单位产品成本也随之降低，超额利润也就越大。这在客观上会刺激生产的发展。

（2）有利于企业编制对外报表，由于完全成本计算法得到公认会计原则的认可和支持，所以企业必须以完全成本计算为基础编制对外报表。

2. 局限性
（1）确定的分期损益难以适应企业内部管理的需要。
（2）固定成本分配具有主观随意性。

 本章小结

变动成本是指成本总额随业务量（产量、作业量或销量）的变动而变动，如企业的直接人工、直接材料等。企业管理的科学化要求会计为企业内部提供信息资料，以作为对经济活动进行预测、决策、计划和控制的依据，传统的全部成本核算法无法适应竞争日益加剧的市场经济。时至今日，普遍应用于西方企业的内部管理。变动成本法是将一定时期所发生的成本按照其成本性态将生产成本分为变动成本和固定成本两大类，即为变动生产成本（直接材料、直接人工和变动制造费用）和固定生产成本（固定制造费用），然后将固定生产成本和非生产成本（期间费用）全部作为期间成本。

练习题

一、复习思考题

1. 成本有哪几种主要分类方法? 是如何分类的?

2. 固定成本与变动成本各有什么特点?

3. 混合成本如何分解?

4. 变动成本法和完全成本法有什么区别?

5. 如何运用变动成本法和完全成本法计算同一会计期间的税前利润?

二、单项选择题

1. 当相关系数 r 等于 +1 时, 表明成本与业务量之间的关系是 (　　　)。

A. 基本正相关　　　B. 完全正相关　　　C. 完全无关　　　D. 基本无关

2. 在不改变企业生产经营能力的前提下, 采取降低固定成本总额的措施通常是指降低 (　　　)。

A. 约束性固定成本　　　　　　　　B. 酌量性固定成本

C. 半固定成本　　　　　　　　　　D. 单位固定成本

3. 下列项目中, 只能在发生当期予以补偿, 不可能递延到下期的成本是 (　　　)。

A. 直接成本　　　B. 间接成本　　　C. 产品成本　　　D. 期间成本

4. 在应用高低点法进行成本性态分析时, 选择高点坐标的依据是 (　　　)。

A. 最高的业务量　　　　　　　　　B. 最高的成本

C. 最高的业务量和最高的成本　　　D. 最高的业务量或最高的成本

5. 在变动成本法中, 产品成本是指 (　　　)。

A. 制造费用　　　B. 生产成本　　　C. 变动生产成本　　　D. 变动成本

6. 在变动成本法下, 固定性制造费用应当列作 (　　　)。

A. 非生产成本　　　B. 期间成本　　　C. 产品成本　　　D. 直接成本

7. 已知 2014 年某企业按变动成本法计算的税前净利为 13 500 元, 假定 2015 年的销量与 2014 年相同, 产品单价及成本水平都不变, 但产量有所提高。则该年按变动成本法计算的营业利润 (　　　)。

A. 必然大于 13 500 元　　　　　　B. 必然等于 13 500 元

C. 必然小于 13 500 元　　　　　　D. 可能等于 13 500 元

8. 如果某企业连续三年按变动成本法计算的税前净利润分别为 10 000 元、12 000 元和 11 000 元，假设三年的产品价格和成本不变，则下列表述中唯一不正确的是（　　）。

　A. 第三年的销量最小　　　　　　　B. 第二年的销量最大

　C. 第一年的产量比第二年少　　　　D. 第二年的产量比第三年多

9. 如果某期按变动成本法计算的税前净利为 5 000 元，该期产量为 2 000 件，销售量为 1 000 件，期初存货为零，固定性制造费用总额为 2 000 元，则按完全成本法计算的税前净利为（　　）元。

　A. 0　　　　　　　B. 1 000　　　　　　C. 5 000　　　　　　D. 6 000

10. 如果完全成本法的期末存货成本比期初存货成本多 1 000 元，而变动成本法的期末存货成本比期初存货成本多 4 000 元，则可断定两种成本法的营业利润之差为（　　）元。

　A. 14 000　　　　B. 10 000　　　　　C. 6 000　　　　　D. 4 000

三、多项选择题

1. 固定成本具有的特征是（　　）。

　A. 固定成本总额的不变性　　　　　B. 单位固定成本的反比例变动性

　C. 固定成本总额的正比例变动性　　D. 单位固定成本的不变性

　E. 固定成本总额变动性

2. 变动成本具有的特征是（　　）。

　A. 变动成本总额的不变性　　　　　B. 单位变动成本的反比例变动性

　C. 变动成本总额的不变性　　　　　D. 变动成本总额的正比例变动性

　E. 单位变动成本的不变性

3. 下列成本项目中，（　　）是酌量性固定成本。

　A. 新产品开发费　　　　　　　　　B. 房屋租金

　C. 管理人员工资　　　　　　　　　D. 广告费

　E. 职工培训费

4. 成本性态分析最终将全部成本区分为（　　）。

　A. 固定成本　　　　　　　　　　　B. 变动成本

　C. 混合成本　　　　　　　　　　　D. 半变动成本

　E. 半固定成本

5. 在我国，下列成本项目中属于固定成本的是（　　）。

　A. 按平均年限法计提的折旧费　　　B. 保险费

C. 广告费　　　　　　　　　　　　D. 生产工人工资

E. 材料费

6. 以下属于半变动成本的有（　　　）。

A. 电话费　　　　B. 煤气费　　　　C. 水电费　　　　D. 折旧费

E. 销售人员工资费

7. 在相关范围内保持不变的有（　　　）。

A. 变动成本总额　　　　　　　　　B. 单位变动成本

C. 固定成本总额　　　　　　　　　D. 单位固定成本

E. 总成本

8. 变动成本法下期间成本包括（　　　）。

A. 管理费用　　　B. 销售费用　　　C. 制造费用　　　D. 固定生产成本

E. 非生产成本

9. 根据成本按习性分类，（　　　）不随产量的变化而变化。

A. 固定制造费用总额　　　　　　　B. 单位变动成本

C. 单位销售成本　　　　　　　　　D. 单位固定制造费用

E. 变动生产成本总额

10. 完全成本法计入当期利润表的期间成本包括（　　　）。

A. 固定性制造费用　　　　　　　　B. 变动性制造费用

C. 固定性销售和管理费用　　　　　D. 变动性销售和管理费用

E. 制造费用

四、判断题

1. 按照成本性态可将全部成本分为变动成本和固定成本两大类。（　　　）

2. 无论是固定成本总额还是单位产品中的固定成本，都不会受业务量增减变动的影响。（　　　）

3. 无论哪一种混合成本，实质上都可以区分为固定成本和变动成本两部分。（　　　）

4. 采用高低点法时，区分高低点的指标应该是成本指标，而不是业务量指标。（　　　）

5. 采用回归分析法时，只有混合成本与业务量之间的相关系数等于1，才可以使用。（　　　）

6. 按变动成本法的解释，期间成本中只包括固定制造费用。（　　　）

7. 变动成本法与完全成本法计入当期利润表的期间费用，虽然形式不同，

但实质上相同。（　　）

8. 变动成本法取代完全成本法不符合现行会计制度的统一要求。（　　）

9. 变动成本法和完全成本法的有机结合既能满足企业内部管理的需要，又可以兼顾对外报告的要求。（　　）

10. 当期末存货量不为零时，按变动成本法确定的期末存货成本必然小于按完全成本法确定的期末存货成本。（　　）

五、计算题

1. 某企业生产的甲产品1～6月的产量及成本资料如表7-15所示。

表7-15　某企业甲产品1～6月产量及成本资料

	1月	2月	3月	4月	5月	6月
产量（件）	40	42	45	43	46	50
总成本（元）	8 800	9 100	9 600	9 300	9 800	10 500

[要求]

（1）采用高低点法进行成本性态分析。

（2）采用回归直线法进行成本性态分析。

2. 某企业经营某种产品，本年上半年有关资料如表7-16所示：

表7-16　某企业产品上半年均相关资料

	1月	2月	3月	4月	5月	6月
产量（件）	9 000	6 000	5 000	7 000	4 000	8 000
制造费用（元）	400	350	280	340	240	370

[要求]

（1）用"高低点法"进行成本分解。

（2）分别计算3月和6月的固定成本总额和变动成本总额。

3. 某企业本期有关成本资料如下：单位直接材料成本为10元，单位直接人工成本为5元，单位变动性制造费用为7元，固定性制造费用总额为4 000元，单位变动性销售管理费用为4元，固定性销售管理费用为1 000元。期初存货量为零，本期产量为1 000件，销量为600件，单位售价为40元。

[要求]

分别按两种成本法的有关公式计算下列指标：

（1）单位产品成本。

（2）期间成本。

（3）销货成本。

（4）税前净利。

4. 某厂生产甲产品，产品单价为 10 元/件，单位产品变动生产成本为 4 元，固定性制造费用总额为 24 000 元，销售及管理费用为 6 000 元，全部系固定性的，存货按先进先出法计价，最近三年的产销量资料如表 7-17 所示。

表 7-17　某厂甲产品 2013~2015 年可销量资料　　　　　　　　单位：元

	2013 年	2014 年	2015 年
期初存货量	0	0	2 000
本期生产量	6 000	8 000	4 000
本期销售量	6 000	6 000	6 000
期末存货量	0	2 000	0

[要求]

（1）分别按两种方法计算单位产品成本。

（2）分别按两种方法计算期末存货成本。

（3）分别按两种方法计算期初存货成本。

（4）分别按两种方法计算各年税前净利润（编制利润表）。

（5）用差额简算法验证完全成本法下的各年利润。

5. 某厂连续两年的产销量、成本和售价等资料如表 7-18 所示。

表 7-18　某厂连续两年的产销量、成本和售价等资料

项目	2014 年	2015 年
生产量（件）	8 000	10 000
销售量（件）	8 000	6 000
单位产品变动成本（元）	15	15
固定制造费用（元）	40 000	40 000

续表

项目	2014 年	2015 年
摊销和管理成本（元）	10 000	10 000
单价（元）	40	40

该厂按变动成本法计算的营业利润第一年为 150 000 元，第二年为 100 000 元，存货按先进先出法计价。

[**要求**] 用利润差额简算法计算完全成本法的各年营业利润。

第八章
本量利分析

学习目标

1. 理解本量利分析的基本假设、基本公式。
2. 掌握保本点、保利点的计算及本量利分析图的解读。
3. 掌握贡献毛益、贡献毛益率、保本作业率的计算。
4. 运用贡献毛益法计算盈亏临界点。
5. 理解利润的敏感性分析的方法。

第一节　本量利分析概述

本量利分析是成本、业务量、利润分析（Cost – Volume – Profit – Analysis，CVP 分析）的简称。是以成本性态分析为基础，通过对成本、业务量、利润之间相互依存关系所进行的分析。本量利分析的目的在于：通过分析短期内产品销售量、销售价格、固定成本、变动成本以及产品结构等因素的变化对利润的影响，为企业管理人员提供预测、决策等方面的信息。

一、本量利分析基本假设

本量利分析是建立在如下一系列假设基础上的一种定量分析方法。

（一）成本性态分析假设

假设企业的全部成本已经按性态合理地划分为固定成本和变动成本两部分。

（二）变动成本法假设

假设产品成本是按变动成本法计算的，即产品成本只包括变动生产成本，而包括固定制造费用在内的所有固定成本都作为期间成本处理。

（三）相关范围和线性关系假设

假设在一定时期和业务量范围内，固定成本总额、单位变动成本和单价水平保持不变。

线性关系假设包括两方面的内容：

其一，假设销售单价（p）为常数，销售收入（y）与业务量（x）呈完全线性关系假设，即 $y = px$。该假设的前提条件是产品处于成熟期，售价比较稳定。

其二，在相关范围内，单位变动成本为常数，变动成本总额（y）与业务量（x）呈完全线性关系假设，即 $y = bx$。

（四）产销平衡假设

假设只生产一种产品的情况下，生产出来的产品总是可以被市场接受，即生产量等于销售量，可以实现产销平衡。

（五）品种结构不变假设

假设在生产多品种产品的企业，产销总量发生变化时，各种产品的产销额占全部产品产销总额的比重不变。

在实际工作中，上述基本假设不可能保持不变。运用本量利分析法进行决策时不能盲目照搬本量利分析的结论，必须从动态的角度研究企业生产要素、市场需求、品种结构与技术条件的实际变动情况，调整修正决策方案，克服本量利分析的局限性。

二、本量利分析的基本公式

在管理会计中，把成本、业务量和利润三者之间的依存关系用方程式表示，就是本量利分析的基本公式，即：

利润 = 销售收入 – 变动成本总额 – 固定成本总额

　　 = 销售单价 × 销售量 – 单位变动成本 × 销售量 – 固定成本总额

　　 = (销售单价 – 单位变动成本) × 销售量 – 固定成本总额

用字母表示为：

$P = px - bx - a$

　　 $= (p - b)x - a$

本量利分析就是以此公式为基础，对各相关因素变动对利润的影响进行分析，从而为预测决策提供有用的信息。

三、贡献毛益率及相关指标的计算

(一) 贡献毛益的计算

在本量利分析中，贡献毛益是一个重要概念，通常也称为"边际贡献""边际利润"或"创立额"。

贡献毛益有以下两种表现形式：

1. 贡献毛益总额 (Total Contribution Margin，TCM)

贡献毛益总额是从产品销售收入总额中减去变动成本总额后的余额。即：

贡献毛益总额 = 销售收入总额 – 变动成本总额

$TCM = px - bx$

　　　 $= (p - b)x$

经济含义为：销售 x 单位的产品产生的毛利润。

2. 单位贡献毛益 (UCM)

单位贡献毛益 (UCM) 是一种产品的销售单价减去单位变动成本后的余额，计算公式为：

单位贡献毛益(UCM) = 销售单价 – 单位变动成本

　　　　　　　　 $= p - b$

经济含义为：每增加一个单位的销售量所增加的毛利润。

单位贡献毛益反映了产品的盈利能力，单位贡献毛益越大，说明产品的盈利能力越强。

由以上两式可得：

贡献毛益总额(TCM) = 单位贡献毛益 × 销售量

$$= (p - b) x$$
$$= UCM \, x$$

根据上述公式，举例说明贡献毛益的具体计算。

【例8-1】 某公司2015年销售产品10万件，单价50元，单位变动成本30元，固定成本总额100万元，计算2015年的贡献毛益和息税前利润。

解：单位贡献毛益(UCM) = p - b = 50 - 30 = 20(元)

$$贡献毛益总额(TCM) = (p - b) x$$
$$= (50 - 30) \times 10$$
$$= 200 \, (万元)$$

息税前利润总额 = (销售单价 - 单位变动成本) × 销售量 - 固定成本
$$= 贡献毛益 - 固定成本$$
$$= 200 - 100$$
$$= 100 \, (万元)$$

(二) 本量利分析的相关指标

贡献毛益率（Contribution Margin Rate，CMR）是贡献毛益的相对数，它是贡献毛益总额占销售收入总额的百分比，或单位贡献毛益占销售单价的百分比。计算公式如下：

$$贡献毛益率(CMR) = 贡献毛益总额(TCM)/销售收入(x) \times 100\%$$
$$= (p - b) x/px \times 100\%$$
$$= (p - b)/p \times 100\%$$
$$= cm/p \times 100\%$$

经济含义是：每百元销售额中能提供的贡献毛益额。

变动成本率（Variable Cost Rate，VCR）是指变动成本总额占销售收入的百分比，或单位变动成本占销售单价的百分比。计算公式为：

$$变动成本率(VCR) = 变动成本总额(bx)/销售收入(px) \times 100\%$$
$$= b/p \times 100\%$$

经济含义是：每百元销售额中变动成本所占的金额。

贡献毛益率与变动成本率的关系可以表示如下：

贡献毛益率 + 变动成本率 = 1

贡献毛益率 = 1 - 变动成本率

贡献毛益率与变动成本率之间有密切的联系，属于互补性质，变动成本率越高，贡献毛益率越低，盈利能力越小；反之，变动成本率越低，贡献毛益率越高,盈利能力越强。

【例8-2】仍采用【例8-1】的资料计算贡献毛益率、变动成本率,并检验它们之间的关系。

解:

销售收入 = px = 10 × 50 = 500(万元)

变动成本总额 = 10 × 30 = 300(万元)

贡献毛益率(CMR) = 贡献毛益总额(TCM)/销售收入(px) × 100%

　　　　　　　 = 200/50 × 100% = 40%

变动成本率(VCR) = 变动成本总额(bx)/销售收入(px) × 100%

　　　　　　　 = 300/500 × 100% = 60%

40% + 60% = 1,说明贡献毛益率与变动成本率呈互补关系。由此可见,尽管贡献毛益并不等于企业利润,但它的大小,却在一定程度上决定了企业的盈利能力。

第二节　保本分析

保本分析是研究企业处于保本状态时本量利关系的一种定量分析,是本量利分析的基础,其关键是确定保本点,从而确定企业经营的安全程度。保本分析包括保本点的计算与分析、企业安全性分析、保本图分析。

一、保本点的计算与分析

保本点(Break - Even Point,BEP)是指使企业达到盈亏平衡状态时的业务量,即在该业务量水平上,企业的销售收入等于总成本,利润等于零,企业经营不盈不亏,这时我们就说企业处于保本状态。保本点也被称为盈亏临界点、盈亏平衡点。保本点分析是假设售价和成本一定的情况下,利用本量利分析的基本公式,求出利润等于零时的业务量。

保本点通常有两种表示形式:一是实物量,称为保本销售量,即销售多少单位的产品企业不亏损也不盈利,达到盈亏平衡状态;二是价值量,称为保本销售额,即销售多少金额的产品企业达到盈亏平衡状态。

（一）单一品种保本点分析

假设企业只生产一种产品，设 P 代表利润，x 代表销售量，p 代表单价，b 代表单位变动成本，a 代表固定成本，BEP 代表保本点，根据本量利的基本关系式，令利润 =0，得：

保本销售量×销售单价 – 保本销售量×单位变动成本固定成本总额 =0

因此：

保本销售量（BEP）=固定成本/销售单价 – 单位变动成本 =a/p – b

保本销售额 = 销售单价×保本销售量

因为：

销售单价 – 单位变动成本 = 单位贡献毛益

所以：

保本销售量（BEP）=固定成本/单位贡献毛益 =a/TCM

保本销售额 = 销售单价×保本点销售量

　　　　　　 = 固定成本/贡献毛益率

　　　　　　 = a/CMR

【例 8 – 3】依【例 8 – 1】资料，企业销售量和销售额为多少时达到盈亏平衡状态？

已知：a =100 万元，p =50 元，b =30 元。

cm = p – b = 50 – 30 = 20（元）

贡献毛益率（CMR）= 20/50 ×100% = 40

解：保本销售量（BEP）= 固定成本÷（销售单价 – 单位变动成本）

　　　　　　　　　　 = a/（p – b）

　　　　　　　　　　 = 1 000 000/（50 – 30）= 50 000（件）

保本销售额 = 销售单价×保本销售量

　　　　　　 = 50 ×50 000 = 2 500 000（元）

　　　　　　 = 250（万元）

保本销售额 = 固定成本/贡献毛益率

　　　　　　 = a/CMR = 1 000 000/40% = 2 500 000（元）

　　　　　　 = 250（万元）

从以上计算可以看出，公司在每年销售 50 000 件产品或销售额达到 250 万元时，贡献毛益总额为 100 万元，正好弥补固定成本，公司达到盈亏平衡状态。企业每年销售量超过 50 000 件时，每增加一件产品的销售，营业利润增加 20 元

（50－30）。本公司每年可销售产品 10 万件，可获税前净利 100 万元（5×20）。寻找保本点是企业计划决策的第一步，管理人员通常注重的是保本点对企业销售、成本、营业利润等所产生的影响。

（二）多品种保本点分析

上面介绍的是单一品种的保本分析，但实际上绝大多数企业都不可能只生产销售一种产品。在生产多个品种的企业，总的业务量只能用金额表示，所以其保本分析只是计算保本销售额。同样，可以运用上述保本销售额的计算公式：

保本销售额 = 固定成本 ÷ 贡献毛益率

$$= a/CMR$$

但各产品的盈利能力不同，计算的贡献毛益率不同。所以，多品种保本销售额的计算关键在于贡献毛益率的选择，选择贡献毛益率的基本原则：应该是能代表企业总的盈利能力。一般地，贡献毛益率的选择采用两种方式：

1. 以主要产品的贡献毛益率作为企业的总贡献毛益率

在企业生产经营多个品种中，如果存在销售比重、盈利能力占主导地位的产品，则以该产品的贡献毛益率为代表计算企业的保本销售额。其方法与单一品种的保本销售额的计算类似。

2. 计算综合贡献毛益率

在没有盈利能力占主导地位的产品时，企业的综合盈利能力不能由某一种产品来代表，而必须计算一定品种结构下的综合贡献毛益率。这种情况下保本销售额的计算步骤为：

计算综合贡献毛益率。计算方法有两种：

综合贡献毛益率 = $\sum$（各品种贡献毛益率 × 该品种的销售额比重）

或

综合贡献毛益率 = $\sum$（各品种贡献毛益总额 ÷ 销售收入总额）

两种方法的计算结果是完全一致的，是统计学中的加权算术平均法的运用。

（1）计算综合保本销售额。

综合保本销售额 = 固定成本总额 ÷ 综合贡献毛益率

该指标是在品种结构不变的情况下，企业经营处于保本状态需要的销售收入总额。

（2）计算各品种的保本销售额。

某品种的保本销售额 = 综合保本销售额 × 该品种的销售额比重

【例8-4】 宏盛公司生产销售 A、B、C 三种产品，假定产销平衡，固定成本总额为 250 000 元，其他有关资料如表 8-1 所示。

表 8-1　三种产品的基本数据

项目 ＼ 产品	A	B	C
产销量（件）	10 000	20 000	25 000
单位售价（元）	20	10	16
单位变动成本（元）5	12	4	8
产销量（件）1	10 000	20 000	25 000
单位售价（元）2	20	10	16
销售额（元）3＝1×2	200 000	2 000 000	4 000 000
销售比重（%）4	25	25	50
单位变动成本（元）	12	4	8
单位贡献毛益6＝2－5	8	6	8
贡献毛益率7＝6/2	0.4	0.6	0.5

解：保本点销售额的计算步骤如下：

第一步：预计全部产品的销售总额。

（10 000×20）＋（20 000×10）＋（25 000×16）＝800 000（元）

第二步：计算各种产品的综合贡献毛益率。

综合贡献毛益率 ＝ $\sum$（各品种贡献毛益率×该品种的销售额比重）

综合贡献毛益率＝0.4×25%＋0.6×25%＋0.5×50%＝50%

第三步：计算综合保本销售额。

综合保本销售额＝固定成本总额÷综合贡献毛益率

＝250 000÷50%＝500 000（元）

第四步：计算各种产品的盈亏临界点的销售额和销售量。

某品种的保本销售额＝综合保本销售额×该品种的销售额比重

A 产品保本点销售额＝500 000×25%＝125 000（元）

A 产品保本点销售量＝125 000÷20＝6 250（件）

B 产品保本点销售额＝500 000×25%＝125 000（元）

B 产品保本点销售量＝125 000÷10＝12 500（件）

C 产品保本点销售额＝500 000×50%＝250 000（元）

C 产品保本点销售量 = 250 000 ÷ 16 = 15 625 （件）

在上述单价及品种结构下，该企业总的销售额要达到 500 000 元才能保本，这时三种产品的销售量分别为 6 250 件、12 500 件、15 625 件。

二、企业安全性分析

保本点分析是确定企业不盈不亏的销售量，而企业的实际销售量只有超过保本销售量才能实现盈利，并且超出越多，盈利就越大，企业经营就越安全。下面介绍安全性分析的常用指标：安全边际和保本作业率。

（一）安全边际和安全边际率

安全边际是指现有销售量超过保本销售量的差额，这个差额标志着从现有销售量到保本点有多大的差距，或者说，现有的销售量再降低多少，才会发生亏损。这个差额越大，说明企业发生亏损的可能性越小，经营就越安全。

1. 安全边际的计算

安全边际可以用绝对数和相对数两种形式来表示，安全边际量（额）和安全边际率其计算公式为：

安全边际量 = 实际(或预计)销售量 - 保本销售量

安全边际额 = 实际(或预计)销售额 - 保本销售额

　　　　　= 安全边际量 × 销售单价

安全边际率是安全边际量(或安全边际额)与实际(或预计)销售量(或销售额)之间的比率，其计算公式为：

安全边际率 = 安全边际量(或额)/实际(或预计)销售量(或额) × 100%

2. 安全边际与利润的关系

因为只有保本点以上的销售额（安全边际部分）才能为企业提供利润，所以销售利润又可按下列公式计算：

销售利润 = 安全边际销售量 × 单位产品贡献毛益

销售利润率 = 安全边际率 × 贡献毛益率

所以，超过保本点的贡献毛益就是企业的利润。

（二）保本作业率

此外，以保本点为基础，还可得到另一个辅助性指标，即保本作业率，也称盈亏临界点作业率、保本点开工率，是指保本销售量（额）与正常销售量（额）的比率，其计算公式为：

保本作业率 = 保本销售量（或额）÷ 实际（或预计）销售量（或额）× 100%

当企业作业率低于保本的作业率时就会亏损。所以，该指标对企业的生产安排具有一定的指导意义。

【例 8 - 5】依例【例 8 - 1】资料，计算安全边际、安全边际率、销售利润、保本作业率，评价企业经营安全程度。

解：

（1）安全边际量 = 10 - 5 = 5（万件）

安全边际额 = 500 - 250 = 250（万元）

$\qquad$ = 5 × 50 = 250（万元）

（2）安全边际率 = 5 ÷ 10 × 100% = 50%

$\qquad$ = 250 ÷ 500 × 100% = 50%

（3）cm = p - b = 50 - 30 = 20（元）

销售利润 = 5 × 20 = 100（万元）

（4）保本作业率 = 5 ÷ 0 × 100% = 50%

$\qquad$ = 250 ÷ 500 × 100% = 50%

（5）安全边际率与保本作业率的关系：

安全边际率 + 保本作业率 = 1

即，50% + 50% = 1

安全边际率与保本作业率呈互补关系，安全边际率为正指标，越大越好。安全边际率越大，发生亏损的可能性越小，说明企业经营越安全。

西方企业经常使用的经营安全程度的评价标准如表 8 - 2 所示。

表 8 - 2　经营安全程度的评价标准

安全边际率	10% 以下	11% ~20%	21% ~30%	31% ~40%	40% 以上
安全程度	危险	值得注意	比较安全	安全	很安全

【例 8 - 5】中，由于安全边际比率为 50%，所以此标准可以认为该公司的业务经营很安全。

三、本量利分析图

保本分析也可以采用绘制本量利分析图的方式进行。本量利分析图是将保本点分析表现在直角坐标系中将影响利润的有关因素及其关系以图的形式表现出来。特点是直观、简明，但因为它是依靠目测绘制而成的，所以不可能十分准确，通常应与其他方法结合使用。利用本量利分析图，可以一目了然地看到有关因素的变动对利润发生怎样的影响，从而有助于决策者在经营管理工作中提高预见性和主动性。

本量利分析图可根据不同目的及掌握的不同资料而绘制成不同形式的图形。通常有基本式、贡献毛益式、量利式三种。

（一）基本式

基本式在管理会计中运用最广泛，能反映最基本的本量利关系，总成本是在固定成本的基础上加上变动成本，清晰地反映了固定成本总额的不变性、变动成本总额的正比例变化性的特点，揭示了保本点、安全边际、盈利区、亏损区的关系。

以下面例题资料，说明基本式本量利分析图的绘制方法。

【例8−6】某企业生产单一产品，单价100元，单位变动成本 b＝60元，月固定成本总额 a＝2800元，预计月产销量为 x＝120件。计算保本点为：

解：

保本销售量 = 固定成本 ÷（销售单价 − 单位变动成本）

$$= 2800 ÷ (100 - 60)$$

$$= 70 （件）$$

预计销售收入 $= 100 × 120 = 12\,000$ （元）

预计总成本 $= 60 × 120 + 2\,800 = 10\,000$ （元）

预计利润 $= (100 - 60) × 120 - 2\,800 = 2000$ （元）

以例【例8−6】资料，说明基本式本量利分析图的绘制方法。

1. 绘制方法

（1）在直角坐标系中，以横轴表示销售量，以纵轴表示成本和销售收入。

（2）绘制固定成本线。在纵轴上确定固定成本的数值2800，并以此为起点，绘制一条平行于横轴的直线，即为固定成本线 y＝2800。

（3）绘制销售收入线。以坐标原点为起点，并在横轴上任取一个整数销售量100件，计算其销售收入为10 000元，并在坐标上找出与之相对应的纵轴交叉点，连接这两点就可画出总收入线 y＝100x。

（4）绘制总成本线。在横轴上取一销售量100并计算其总成本：8 800（2 800＋60×100）（元），在坐标上标出该点，然后将纵轴上的固定成本点与该点连接便可画出总成本线。

（5）销售总收入线与总成本线的交点即为保本点 BEP＝70 件。

（6）标明保本点、盈利区、亏损区。销售收入线与总成本线的交点即为保本点。销售量小于保本点时，企业处于亏损状态，亏损额随销售量的增加而逐渐减少。销售量大于保本点时，企业处于盈利状态，盈利额随销售量的增加而增加。

2. 基本规律

（1）保本点不变，销售量越大，能实现的利润越多，或亏损越少；销售量越小，能实现的利润也越少，或亏损越多。

（2）销售量不变，保本点越低，能实现的利润就越多，或亏损越少；反之，保本点越高，能实现的利润就越少，或亏损越多。

（3）在销售总成本既定的条件下，保本点受单位售价变动的影响而变动。产品单价越高，表现为销售总收入线斜率越大，保本点就越低；反之，保本点就越高。

（4）在销售收入既定的条件下，保本点的高低取决于固定成本和单位变动成本的多少，固定成本越多或单位产品的变动成本越多，保本点就越高；反之，保本点就越低。其中，单位产品变动成本的变动对保本点的影响是通过变动成本线斜率的变动表现出来的。

（二）贡献毛益式

仍以【例 8－6】资料，说明贡献毛益式本量利分析图的绘制方法。

1. 绘制方法

绘制方法是先确定销售总收入线 $y＝100x$ 和变动成本线 $y＝60x$，然后以（0，2800）为起点，再画一条与变动成本线平行的直线，即为总成本线，它与销售总收入线的交点为保本点。

2. 贡献毛益式与基本式的主要区别

贡献毛益是本量利分析图将固定成本置于变动成本之上，以便形象地反映贡献毛益的形成过程和构成，即产品的销售收入减去变动成本以后就是贡献毛益，贡献毛益再减去固定成本便是利润。而基本式则将固定成本线置于变动成本线之下，以便表明固定成本在相关范围内稳定不变的特征。

第三节 保利分析

　　企业生产经营活动的目的不会仅仅满足于保本，获取利润是企业的基本目标。企业只有收入大于成本，获得盈利，才能生存和发展。在现在的市价和成本水平下，企业的销售量要达到多少才能保证目标利润的实现？价格和成本水平的变化会多大程度地影响目标利润的实现，这就需要进行保利分析。保利分析是本量利分析的重要内容之一。

　　保利分析就是分析企业保证目标利润的实现必须达到的销量、价格、成本水平。所谓目标利润（Target Profit，TP）是指企业在未来一定期间内，经过努力能够达到的最优化利润水平。

一、目标利润的确定

　　为了能够确定一个既积极又可靠的利润目标，除全面考虑其经济上的合理性、技术上的可行性和生产经营上的现实性外，还应综合考虑生产经营的各种分项目标，如有关产品的数量、结构、质量、功能、价格及成本的目标，在总体目标的关联中综合地确定利润目标，对企业一定时期内的生产经营做出正确的利润规划。

　　在我国，企业可以根据不同的预定利润率来规划目标利润，常用的方法有两种：

　　第一种，通过资产收益率和资产占用规模确定目标利润，用公式表示：

　　目标利润 = 资产收益率 × 资产占用规模

　　第二种，通过确定目标资本利润率和权益资本规模确定目标利润，用公式表示：

　　目标利润 = 资本利润率 × 权益资本

　　【例 8-7】南极公司生产一种产品甲，2015 年的生产经营数据如表 8-3 所示。

表 8-3 南极公司生产经营数据

项目	金额
单位变动成本	120

续表

项目	金额
直接材料	60
直接人工	40
变动制造费用	10
变动销售和管理费用	10
全年固定成本（万元）	500 000
销售单价	200
销售数量（件）	10 000
销售收入	2 000 000
税前净利	300 000

该公司选择同行业先进水平的资产收益率作为预测 2016 年目标利润的标准。同行业先进水平的资产收益率 20%，预计 2016 年的资产占用规模达到 20 000 件，全年正常销售量 12 000 件。

[**要求**] 计算该公司 2016 年的目标利润及预计利润。

解：根据上述资料计算如下：

目标利润 $= 2\ 000\ 000 \times 20\% = 400\ 000$（元）

预计利润 $= (200 - 120) \times 12\ 000 - 500\ 000 = 460\ 000$（元）

二、保利点的计算与分析

保利点是企业确保实现目标利润的销售量或销售额。保利点有两种表示形式：一种是以实物量表示，即保利销售量；另一种是以价值量表示，即保利销售额，统称保利业务量。

（一）单一品种的保利业务量的计算与分析

保利业务量是指在单价和成本水平既定的条件下，为保证目标利润的实现而应当达到的销售量和销售额。根据目标利润是否考虑税收影响，分别讨论税前保利业务量的计算和税后保利业务量的计算问题。

1. 税前保利销售量和税前保利销售额的计算与分析

税前保利销售量是指企业实现税前目标利润所要达到的销售量。用 TP 表示税前目标利润，x_t 表示税前保利销售量。根据本量利分析的基本公式：

目标利润 =（销售单价 – 单位变动成本）× 保利销售量 – 固定成本

$TP = (p - 6)x_t$

$x_t = (TP + a) \div (p - b)$

因为：$p - b = TCM$

所以：$x_t = (TP + a)/TCM$

即：税前保利销售量 =（税前目标利润 + 固定成本）÷ 单位贡献毛益

税前保利销售额 =（税前目标利润 + 固定成本）÷ 贡献毛益率

【例 8 – 8】 根据【例 8 – 7】的资料，假定 2015 年甲产品的销售价格、单位变动成本和固定成本总额水平不变，2016 年目标利润为 400 000 元时。

[**要求**]

计算：（1）2016 年甲产品的保本点。

（2）2016 年甲产品的保利点。

解：

（1）单位贡献毛益 = 200 – 120 = 80（元）

边际贡献率 = 80 ÷ 200 = 40%

保本销售量：500 000 ÷ 80 = 6 250（件）

保本销售额 = 6 250 × 200 = 1 250 000（元）

（2）保利销售量 =（40 000 + 50 000）÷ 80 = 11 250（件）

保利销售额 =（40 000 + 50 000）÷ 40% = 2 250 000（元）

　　　　　　= 11 250 × 200 = 2 250 000（元）

2. 税后保利销售量和税后保利销售额的计算与分析

考虑到从税后利润着眼进行目标利润的规划和分析，更能符合企业生产经营的实际，为此，需要进一步考虑所得税率变动对实现目标利润的影响。

因为：税后利润 = 税前利润(1 – 所得税税率)

所以：税前利润 = 税后利润/(1 – 所得税税率)

则：

税后保利销售量 =［税后目标利润 ÷（1 – 所得税税率）+ 固定成本］÷
　　　　　　　　单位贡献毛益

税后保利销售额 =［税后目标利润 ÷（1 – 所得税税率）+ 固定成本］÷
　　　　　　　　贡献毛益率

【例 8 – 9】 如果【例 8 – 7】中目标利润为税后利润 400 000 元，则实现税后净利的销售量和销售额为多少？

解：税后保利销售量 =［税后目标利润 ÷（1 – 所得税税率）+ 固定成本］÷

单位贡献毛益

$$= [(400\,000/40\%) + 50\,000]/80 = 18\,750\ (件)$$

税后保利销售额 $= [$税后目标利润 $\div (1 - $所得税税率$) + $固定成本$] \div$

贡献毛益率

$$= [(400\,000/40\%) + 50\,000]/40\% = 3\,750\,000\ (元)$$

(二) 多品种保利点的确定

多品种的保利分析与多品种保本分析相似,只能用货币量表示,计算保证实现目标利润的销售额,计算公式为:

目标利润为税前利润时:

综合保利销售额 $= ($固定成本总额 $+ $税前目标利润$) \div$综合贡献毛益率

目标利润为税后利润时:

综合保利销售额 $= [$固定成本总额 $+ $目标税后利润 $\div (1 - $所得税税率$)] \div$

综合贡献毛益率

【例8-10】根据【例8-4】的资料,若企业在下一年的税后利润为180 000元,所得税税率为40%,要求计算企业实现目标利润应达到的综合销售额。

解:综合保利销售额 $= [250\,000 + 180\,000 \div (1 - 40\%)] \div 50\% = 1\,100\,000$
(元)

计算表明,企业只有达到1 100 000元的销售额,才能确保售后利润180 000元的实现。

(三) 其他因素变动对实现目标利润的影响分析

在前面的保利分析中,假定销售单价、单位变动成本和固定成本总额保持不变。但现实工作中,这些因素也会发生变化。因此,在保利分析中,可以分析销售单价、单位变动成本、固定成本发生变化对目标利润的影响。

1. 价格降低,对目标利润的影响

【例8-11】根据【例8-7】的资料,南极公司确定的目标利润为400 000元,公司为提高市场占有率,实行薄利多销的市场策略,计划将销售价格降低5元。

[要求] 计算降价后实现目标利润的销售量和销售额。

解:单位贡献毛益 $= 195 - 120 = 75$ (元)

实现目标利润的销售量 $= (500\,000 + 400\,000) \div 75 = 12\,000$ (件)

实现目标利润的销售额 $= 12\,000 \times 195 = 2\,340\,000$ (元)

2. 单位变动成本提高，对目标利润的影响

【例 8 − 12】 根据【例 8 − 7】的资料，由于原料价格上涨，南极公司的单位直接材料从 60 元涨到 65 元，而其他因素不变，为实现目标利润销售量和销售额如何变化？

解：单位贡献毛益 = 200 − (65 + 40 + 10 + 10) = 75（元）

实现目标利润的销售量 = (500 000 + 400 000) ÷ 75 = 12000（件）

实现目标利润的销售额 = 12 000 × 200 = 2 400 000（元）

3. 实现目标利润的其他措施

在市场销售已经饱和的情况下，增加销售量已经不可能，这时只有提高产品售价或降低产品成本。为实现目标利润单价最低应提高多少，成本应降低多少？

【例 8 − 13】 根据【例 8 − 7】的资料，南极公司确定 2016 年的目标利润为 400 000 元。经过市场调查，销售价格有涨价空间，涨价后销售量最多达到 10 500 件。

[**要求**] 在成本水平保持不变的情况下，确定保证实现目标利润的销售价格。

解：

因为：保利销售量 = (目标利润 + 固定成本) ÷ (销售单价 − 单位变动成本)

所以：销售单价 = 单位变动成本 + (固定成本 + 目标利润) ÷ 销售量

　　　　　　　 = 120 + (500 000 + 400 000) ÷ 10 500

　　　　　　　 = 205.71（元）

南极公司将产品销售价格从 200 元涨到 205.71 元后，只要按预计的销售量销售出去，就可保证目标利润的实现。

【例 8 − 14】 根据【例 8 − 7】的资料，南极公司确定 2016 年的目标利润为 400 000 元。为了扩大销售，公司必须采取降价策略，当价格降低 197 元时的销售量可达到 11 500 件，但不能实现目标利润。公司决定追加 40 000 元的固定支出对设备进行技术改造，提高人工效率，降低材料消耗，从而降低单位变动成本。

[**要求**] 单位变动成本降低多少才能保证目标利润的实现？

解：

因为：保利销售量 = (目标利润 + 固定成本) ÷ (销售单价 − 单位变动成本)

所以：销售单价 = 单位变动成本 + (固定成本 + 目标利润) ÷ 销售量

　　　　　　　 = 197 − (500 000 + 400 000 + 40 000) ÷ 11 500

　　　　　　　 = 115.26（元）

南极公司采取上述措施后，只要将单位变动成本从原来的120元降到115.26元，降低4.74元，就能保证目标利润的实现。

 本章小结

本量利分析是"成本—业务量—利润分析"的简称。它被用来研究产品价格、业务量（销售量、服务量或产量）、单位变动成本、固定成本总额、销售产品的品种结构等因素的相互关系，据以做出关于产品结构、产品定价、促销策略以及生产设备利用等决策的一种方法。在本量利分析中最为人们熟悉的形式是盈亏临界分析或保本分析。许多人把两者等同起来。确切地说，盈亏临界分析只是全部本量利分析的一部分。显然，盈亏临界分析并非只着眼于找出一个不盈不亏的临界点或保本点，它所期望的是获得尽可能好的经营成果。这种分析方法可以用来预测企业的获利能力；预测要达到目标利润应当销售多少产品（或完成多少销售额）；预测变动成本、销售价格等因素的变动对利润的影响等。

练习题

一、复习思考题

1. 本量利分析的含义及前提条件是什么？其基本公式是什么？

2. 什么是贡献毛益？什么是贡献毛益率？它们具有什么作用？

3. 什么是保本点？有哪两种表现形式？计算方法怎样？

4. 为什么说超过保本点的贡献毛益就是企业利润？

5. 什么是安全边际？什么是安全边际率？计算它们有何作用？

6. 如何利用本量利分析图进行损益分析？

7. 什么是保利点？税前利润的保利点如何计算？税后利润的保利点如何计算？

8. 什么是敏感系数？单价、单位变动成本、销售量、固定成本这四个因素的敏感系数有什么规律？

二、单项选择题

1. 将固定成本除以单位产品贡献毛益，其比率称为（　　　）。

A. 贡献毛益率　　　　　　　　B. 盈亏临界点销售量

C. 安全边际率　　　　　　　　D. 加权贡献毛益率

2. 盈亏临界点的销售量除以企业正常开工完成的销售量，称为（　　）。

A. 达到盈亏临界点的作业率　　B. 安全边际率

C. 销售利润率　　　　　　　　D. 贡献毛益率

3. 销售利润与销售收入的比率称为（　　）。

A. 安全边际率　　　　　　　　B. 销售利润率

C. 贡献毛益率　　　　　　　　D. 加权贡献毛益率

4. 在盈亏临界图中，销售总成本线与纵轴的交点为（　　）。

A. 保本点　　　　　　　　　　B. 固定成本

C. 利润额　　　　　　　　　　D. 贡献毛益

5. 某企业只生产一种产品，单价为56元/件，单位变动成本为36元/件，固定成本总额为4 000元。如果企业要确保安全边际率达到50%，则销售量应达到（　　）件。

A. 143　　　　　　　　　　　　B. 222

C. 400　　　　　　　　　　　　D. 500

6. 根据本量利分析原理，下列措施中，只能提高安全边际而不会降低保本点的是（　　）。

A. 提高单价　　　　　　　　　B. 增加产量

C. 降低单位变动成本　　　　　D. 降低固定成本

7. 某公司生产的产品，单价为2元，贡献边际率为40%，本期的保本量为20万件，其固定成本为（　　）万元。

A. 16　　　　　　　　　　　　B. 50

C. 80　　　　　　　　　　　　D. 100

8. 已知某企业经营安全程度的评价结论为"值得注意"，据此可以断定，该企业安全边际率的数值为（　　）。

A. 10%以下　　　　　　　　　B. 10%～20%

C. 20%～30%　　　　　　　　D. 30%～40%

9. 已知某企业的销售收入为10 000元，固定成本为2 200元，保本作业率为40%。在此情况下，该企业可实现利润是（　　）元。

A. 1 800　　　　　　　　　　　B. 2 300

C. 3 300　　　　　　　　　　　D. 3 800

10. 已知A企业生产和销售单一产品，销售单价为20件，单位变动成本为

12件，今年的固定成本总额为40 000元，预计明年将增加8 000元的酌量性固定成本，其他条件不变，则明年该企业的保本量为（　　）元。

　　A. 1 000　　　　　　　　　B. 4 000

　　C. 5 000　　　　　　　　　D. 6 000

三、多项选择题

1. 本量利分析前提包括（　　）。

　　A. 成本性态分析前提　　　　　B. 变动成本计算前提

　　C. 线性关系前提　　　　　　　D. 息税前利润前提

2. 安全边际指标包括（　　）。

　　A. 安全边际量　　　　　　　　B. 安全边际额

　　C. 贡献毛益率　　　　　　　　D. 安全边际率

3. 保本点的表现形式包括（　　）。

　　A. 保本销售额　　　　　　　　B. 保本销售量

　　C. 变动成本率　　　　　　　　D. 贡献毛益率

4. 在固定成本既定的情况下，保本点的高低直接取决于（　　）。

　　A. 单位变动成本　　　　　　　B. 单位售价

　　C. 销售量　　　　　　　　　　D. 目标利润

5. 下列各项中，可以判定企业恰好处于保本状态的标志有（　　）。

　　A. 收支相等　　　　　　　　　B. 贡献毛益等于固定成本

　　C. 不盈不亏　　　　　　　　　D. 利润为零

四、判断题

1. 贡献毛益首先用于补偿固定成本，之后如有剩余，才能为企业提供利润。（　　）

2. 安全边际率与达到保本点的作业率具有互补性质，如果安全边际率低，则达到保本点的作业率高，其加总之和等于1。（　　）

3. 在其他条件不变的条件下，固定成本总额越小，则保本点越低。（　　）

4. 在其他条件不变的条件下，若单位变动成本降低，则保利点会提高。（　　）

五、计算题

1. 大华公司生产自行车灯，车灯的单位变动成本为6元，销售单价为10元，固定成本为 64 000 元，预计全月销售量为 40 000 个。要求：

（1）计算保本销售量；

（2）计算保本销售额；

（3）计算安全边际量；

（4）计算安全边际额；

（5）计算安全边际率。

2. 宏大企业只生产 A 产品，售价每件 10 元，变动成本每件 6 元，全年固定成本 5 000 元，当年销售量为 10 000 件。要求：

（1）计算单位贡献毛益；

（2）计算贡献毛益总额；

（3）计算息税前利润；

（4）绘制基本式保本图。

3. 某企业只生产和销售一种产品，盈亏临界点销售额为每月 12 000 元。当固定成本增加 4 000 元，为了达到保本必须增加销售额 16 000 元。该产品的单位售价及单位变动成本均不变。要求：

（1）计算未增加 4 000 元以前的固定成本总额；

（2）计算变动成本率（变动成本占销售收入的比重）；

（3）计算固定成本增加的幅度和盈亏临界点销售额增加的幅度。

4. 某企业 2015 年 6 月的损益资料如下：

销售收入 100 000 元，销售成本 120 000 元（其中固定成本占 50%）。现有的变动成本在销售收入中所占的比重能经常保持不变，企业的所得税税率为 40%。要求：

（1）计算 2015 年 6 月的保本点；

（2）计算 7 月固定成本将增加 20 000 元时的保本点销售额；

（3）固定成本增加后，若要实现税后利润 7 500 元，销售收入应为多少？

5. 某企业生产和销售甲产品（单位：件），2015 年 3 月甲产品的单位变动成本为 20 元，变动成本总额为 300 000 元，共实现税前利润 200 000 元。预计本年度 4 月该产品的单位售价仍稳定不变，变动成本率也将保持在 3 月的 40% 水平上。要求：

（1）计算该企业 2015 年 3 月的保本点销售额。

（2）若 2015 年 4 月甲产品的销售量增长 25%，固定成本总额降低 10%，销售单价和单位变动成本不变，则可实现目标利润为多少？

6. 某企业生产和销售甲、乙两种产品，本月有关数据测算如表 8 - 4 所示。要求：

表 8 - 4　甲、乙产品本月的有关数据测算

	甲产品	乙产品
预计销售量（件）	60 000	80 000
单位售价（元）	10	5
单位变动成本（元）	4	1.5
全月固定成本（元）	144 000	

根据上述资料，计算以下有关指标：

（1）综合保本销售额；

（2）甲、乙两种产品的保本销售量；

（3）安全边际（用金额表现）；

（4）本月预计利润。

7. 计算题 6 的其他条件不变，若每月增加广告费 19 400 元，可使甲产品销售量增加到 80 000 件，而乙产品的销售量减少到 64 000 件，请具体说明采取这一措施是否合算，并重新计算保本点销售额。

8. 宏盛公司 2015 年 6 月滑板的销售单价为每件 60 元，单位变动成本为 36 元，月销售量 1 000 件，月固定成本总额为 20 000 元。要求：

（1）计算本期的保本销售额和税前利润；

（2）计算各因素利润的敏感系数；

（3）如果 2015 年 7 月的计划利润为 8 000 元，销售量、销售单价、单位变动成本如何单独变动才能保证目标利润的实现？

第九章
预测分析

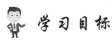 **学习目标**

1. 理解预测分析的基本原理和基本方法。
2. 掌握对销售、成本、利润和资金需要量进行预测的主要方法。

第一节　预测分析概述

一、预测分析的一般程序

（一）预测分析的概念

预测分析是指在企业经营预测过程中，对掌握的历史资料和现在取得的最新信息，进行科学的加工和整理，按照一定的程序，运用专门的方法和技术，对生产经营活动过程的未来发展趋势和状况作出预计和测算的行为。预测分析是以客观准确的历史资料和合乎实际的经验为依据所进行的分析，而不是毫无根据的、纯主观的臆测。

预测分析是决策的基础，没有科学的预测分析结果，就无法进行正确的决策。预测分析是为决策服务的。

企业经营的目标是盈利，因此预测分析的主要内容包括销售预测、成本预测、利润预测和资金预测等方面。

（二）预测分析的程序

为保证预测分析工作顺利进行，必须有组织、有计划地安排其进程。预测分析的程序一般包括以下几个步骤：

1. 确定预测目标

进行预测分析时首先要明确预测什么，是预测销售量还是预测利润，还是预测其他的什么指标。然后根据预测的具体对象确定预测的范围及其他相关内容和要求。

2. 收集并整理资料

预测结果质量的高低，在很大程度上取决于预测所依据的数据资料质量。因此，预测目标确定以后，在收集相关的信息及数据资料时，要求资料尽可能准确、及时、系统、全面。由于收集上来的资料大多是比较零散的，需要对它进行科学的加工和整理，为预测分析做好准备。

3. 选择预测方法

预测方法直接影响预测结果的准确性及实用价值。对于不同的研究对象，我们应该采取不同的预测方法。预测方法的选择与我们掌握的资料有直接关系。对适合采用定性预测方法的，可以根据以往的经验建立一定的逻辑思维模式进行预测；对适合采用定量预测方法的，应该根据不同的分析对象选定最佳的方法，即建立不同的数学模型进行预测。

4. 进行预测分析

根据掌握的资料信息及选定的方法进行定性或定量分析，得出预测结果。

5. 对预测结果进行验证

预测结果有时并不一定与事物发展的实际状况相符，有的模型模拟效果好些，有的模型模拟效果差些，同时由于在计算和预测过程中也有可能会出现误差，预测结果与实际状况就会发生较大的偏差。因此，在每次得到预测结果后，还要加以比较、分析和评价，以检查、判断预测结果是否合理、可信。

6. 修正补充预测结果

检查验证如果发现偏差比较大，要查找原因并考虑是否需要对原来选定的预测方法加以修正。对由于某些因素无法定量而影响了预测的精确度，就需要同时应用定性分析方法加以补充和修正，以使预测结果更接近于实际。这是一个定量分析与定性分析相结合的过程。

7. 预测报告

将预测结果和分析的情况写成书面报告提交给有关部门，这是预测分析工作的最后一个环节。

二、预测分析的基本方法

预测分析的基本方法有两大类：定性预测分析法和定量预测分析法。

（一）定性预测分析法

定性预测分析法是依赖于预测人员丰富的经验和知识以及主观的综合分析判断能力，在考虑政治、经济形势、经济政策、市场变化、消费倾向等对经营影响的前提下，结合预测对象的特点进行综合分析，对预测对象的未来发展趋势作出某种性质和程度上的估计、推测的一种方法。

定性预测的特点是综合性强，需要的数据少，能考虑无法定量的因素。因此，定性分析法也称为非数量分析法、判断分析法或集合意见法。

（二）定量预测分析法

定量预测分析法是指在完整掌握与预测对象有关的各种要素定量资料的基础上运用现代数学方法对有关的数据进行加工处埋，建立能够反映有关变量之间规律性联系的各类预测模型，来预测事物未来值的方法。这种方法也称为"数量分析法"。

这种方法是以预测对象的影响因素比较稳定为前提，依据通过调查搜集的资料，对事物未来发展前景进行科学的定量分析，缺点是分析中不包括非定量因素变动的影响。当经济条件和影响因素发生突变时，定量预测结果就会出现较大的偏差。这时就要以定性分析作为补充来修正预测结果。

定量分析依据其具体做法不同，又分为以下两种类型。

1. 趋势外推预测法

趋势外推预测法是将某一指标的数值，按照时间顺序加以排列，通过分析这些数据依时间变化的规律，运用一定的数学方法，预测未来的发展变化趋势。这种方法也称为"时间序列分析法"。主要有算术平均法、移动平均法、指数平滑法等。

2. 因果预测分析法

因果预测分析法是根据预测对象与其他具有相关关系的指标之间相互依存、相互制约的规律性联系，建立相应的因果数学模型进行估计和预测的分析方法。

这种方法也称为"数学模型法"。本量利分析法、投入产出法、回归分析法等都属于此类方法。

 小思考

当我们掌握预测对象过去的数字资料并能够进行定量预测时，是不是就可以完全不用定性预测分析法进行预测了？

第二节　销售预测分析

一、销售预测的意义

在市场经济条件下，产品市场竞争激烈，企业的生产经营活动必须以市场为导向，确定各个目标市场的需要，重视和加强企业的销售预测。销售预测是在对市场进行充分调查的基础上，根据产品在市场上供需情况的发展趋势以及本企业的销售单价、促销活动、产品改进、分销途径等方面的计划安排，运用一定的统计预测方法，对该项产品在未来某一时期的销售量或销售额所做出的科学的推断和预计。

企业的产品只有实现销售，才有可能取得利润。因此，企业要从调查研究市场需求出发，组织生产和销售，并且要考虑到产品的市场竞争能力，尽可能地提高产品生产能力，提高劳动生产率，降低生产成本和售价，采取薄利多销的营销策略。

企业只有在进行了销售预测后，才能组织材料物资的采购和供应，组织产品的正常生产和销售，从而测定企业的资金需要量。销售预测作为生产经营活动的起点，能够为企业领导者制定正确的经营决策提供科学的理论依据，在提高企业经营管理水平和经济效益等方面具有十分重要的意义。

二、销售预测分析的方法

（一）定量分析法

在销售预测的定量分析中常用的方法有趋势预测分析法和因果预测分析法。

1. 趋势预测分析法

趋势预测分析法也叫时间序列预测分析法，它是将销售的历史资料按时间先后顺序排列，然后运用统计方法来估算、预测未来销售量或销售额的方法。分析时依据所采用的具体方法又分为简单平均法、加权平均法和指数平滑法等。

（1）简单平均法。是以过去若干时期的销售量或销售额的简单算术平均数，作为计划期的销售预测值。其计算公式如下：

计划期销售预测值 = 过去各期销售值之和 ÷ 期数

用符号表示：

$$y = \sum x/n$$

其中，y 为销售平均数（计划期预测值）；x 为各期销售的实际值；n 为期数；$\sum$ 为求和符号。

【例 9 - 1】某企业 2015 年 1～6 月的销售额如表 9 - 1 所示。

[要求] 根据表中资料预测该企业 7 月销售额。

表 9 - 1　某企业 2015 年 1～6 月销售额　　　　　单位：万元

月份	1	2	3	4	5	6	合计
销售额	80	87	90	88	92	100	537

解：7 月预测销售额 = (80 + 87 + 90 + 88 + 92 + 100) ÷ 6 = 89.5（万元）

这种方法的优点是计算简单。但它把各期的销售值一律同等对待，平均化了，如果是季节性产品，淡季和旺季的销售差异比较大，有可能会使我们计算出的预测值与实际值偏差较大。因此，这种方法只适合用于预测对象没有显著长期趋势变动和季节变动的产品销售预测。

（2）加权平均法。是将过去若干时期的销售量或销售额按其距离预测期的远近分别进行加权（近期权数大些，远期权数小些，权数比重之和为 1 或 100%），然后计算其算术平均数，作为计划期的销售预测值。其计算公式如下：

计划期销售预测值 = 过去各期销售值分别乘以其权数后之和/各期权数之和

用符号表示：

$$y = (x_1f_1 + x_2f_2 + \cdots + x_if_i)/w_i$$

其中，w_i 表示各期销售值对应的权数。

【例 9 - 2】以【例 9 - 1】资料为例，各期权数设置为自然数 1、2、3、4、5、6，要求用加权平均法预测该企业 7 月的销售额。

解：7 月预测销售额 = $(80 \times 1 + 87 \times 2 + 90 \times 3 + 88 \times 4 + 92 \times 5 + 100 \times 6) \div$

$$(1 + 2 + 3 + 4 + 5 + 6)$$

$$= 92.19 （万元）$$

显然，由于加权平均法给予最近期比较大的权数，考虑了近期的发展趋势，消除了各期销售值同等对待的缺点，其计算结果比较接近计划期的实际情况。

（3）指数平滑法。它实质上是一种加权移动平均法。是根据上一期销售量或销售额的实际数和预测数，以平滑系数为权数，来预测计划期的销售量或销售额。其计算公式为：

计划期销售预测值 = 平滑系数上期实际销售值 + （1 - 平滑系数）× 上期预测销售值

用符号表示：

$$F_t = aY_{t-1} + (1 - a)F_{t-1}$$

其中，F_t 为计划期销售预测值；a 为平滑系数。取值范围为 $0 < a < 1$，一般取值为 0.3 ~ 0.7；Y_{t-1} 为上一期实际销售值；F_{t-1} 为上一期预测销售值。

【例 9 - 3】以【例 9 - 1】资料为例，假定该企业 6 月的预测销售额为 98 万元，平滑系数 a 为 0.7，要求用指数平滑法预测该企业 7 月的销售额。

解：7 月预测销售额 = $0.7 \times 100 + 0.3 \times 98 = 99.4$ （万元）

这种方法适用于预测对象有长期趋势变动和季节变动的产品销售预测。平滑系数 a 取值越大，则近期实际数对预测结果的影响就越大；相反，平滑系数 a 取值越小，则近期实际数对预测结果的影响就越小。

2. 因果预测分析法

因果预测分析法是根据事物发展的因果关系，建立相应的数学模型来预测计划期的销售量或销售额。一般是根据反映过去销售情况的时间数列资料，利用最小平方法，建立回归分析模型 $y_c = a + bx$ 进行销售预测，因此也叫回归分析预测法。式中 y_c 为实际观察值 y 的预测值，x 为自变量，a、b 为两个待定参数，求解公式如下：

$$a = (y_1 + y_2 + \cdots + y_n)/n$$

$$b = (x_1y_1 + x_2y_2 + \cdots x_ny_n)/(x_1^2 + x_2^2 + \cdots + x_n^2)$$

【例 9 - 4】根据【例 9 - 1】资料为例，用回归分析法预测该企业 7 月销售额。相关资料如表 9 - 2 所示。

解：将表 9 - 2 中的数字代入计算公式得：

b = 113 ÷ 70 = 1.61

a = 537 ÷ 6 = 89.5

该企业 7 月预测销售额 $= 89.5 + 1.61 \times 7 = 100.77$ （万元）

表 9 – 2　某企业 2015 年 1 ~ 6 月销售额　　　　　单位：万元

月份	时间序号 x	销售额 y	xy	x^2
1	– 5	80	– 400	25
2	– 3	87	– 261	9
3	– 1	90	– 90	1
4	1	88	88	1
5	3	92	276	9
6	5	100	500	25
合计	0	537	113	70

（二）定性分析法

在销售预测的定性分析中常用的方法有判断分析法和调查分析法。

1. 判断分析法

判断分析法是组织一些熟悉市场情况的人员对企业未来一定期间内某些产品的销售情况作出推测和判断的一种方法。这种方法一般适用于不具备完整可靠的历史资料，无法进行定量分析的销售预测。例如，企业对新研制开发的产品销售前景的估计。参加判断的人员可以是熟悉市场需求情况的本企业推销人员、管理人员和经济学专家。

（1）推销员判断法。这种方法是企业的推销人员根据他们所掌握的市场信息，将产品的销售预测值填入卡片或表格，由销售部门经理加以综合来预测企业产品在计划期内的销售量或销售额。

推销人员比较了解市场情况，他们的判断值应该比较接近实际，而且这种方法预测所需要的时间短、费用低，具有比较强的实用价值。但是，由于推销人员的素质和经验不同，在销售预测过程中做出的估计有可能过于乐观或过于悲观；或者也可能由于消费者对产品不了解，使调查人员得到的信息不真实，这些会使预测结果产生偏差。

（2）集体经验判断法。企业召集熟悉销售情况的有关部门管理人员，由他们根据多年的销售经验来估计产品未来的销售量或销售额。这种方法又称为管理人员判断法。它是利用集体的经验和智慧，经过有关预测小组成员的分析、判断、综合之后，对预测对象做出预测估计。具体的做法是：①由若干对预测对象业务比较熟悉的人员组成一个预测小组，集中在一起进行讨论。②每个预测者在做出预测结果的同时要说明理由，并且允许预测小组成员在会上发表自己的意见，也允许预测者更改他的预测结果。③将预测者的结果进行综合处理，得出最终的预测结果。

各个预测者在作出预测结果的时候，采用主观概率法，根据事件各种结果发生的可能性大小，以自己的实际经验给出不同的概率值。

为使预测结果更合理，可采用加权算术平均法，即根据各位预测者对业务的熟悉程度，分配给其不同的权数来计算平均数，以此作为最终结果。

【例9-5】某企业为制订下半年的生产计划，由总经理组织了一次有市场部、销售部、财务部、生产部四位部门经理参加的销售预测会，在了解了市场上对产品的需求、本企业和同行企业的销售情况等资料后，进行了个人意见的交流和讨论，并填写了销售额估计表，如表9-3所示。

表9-3　某企业2015年下半年销售额估计表　　　　单位：万元

预测人员	销售额估计值						预测期望值	权数
	最高值	概率	最可能值	概率	最低值	概率		
销售部经理	800	0.1	750	0.7	660	0.2	737	6
市场部经理	840	0.3	770	0.6	680	0.1	782	7
财务部经理	860	0.2	780	0.7	680	0.1	786	5
生产部经理	820	0.2	770	0.6	670	0.2	760	5

由于各位预测者对市场的了解程度不同，个人的岗位和偏好也不同，这些因素可能会对预测数值产生一定的影响。因此，对各个部门经理赋予不同的权数，然后对四个期望预测值作加权平均：$(737 \times 6 + 782 \times 7 + 786 \times 5 + 760 \times 5) \div (6 + 7 + 5 + 5) = 766.35$（万元）

即该企业下半年的预测销售额为766.35万元。

集体经验判断法的优点是预测小组成员可以在一起集思广益，相互启发，能避免由于个人掌握信息量有限、片面等局限而引起的预测误差，从而使预测的结果更接近实际。其缺点是预测结果有可能受到某些权威专家意见的影响。

（3）德尔菲判断法。它是利用专家的知识和经验，对无法量化的信息，通过"背靠背"的方法进行信息的交换，逐步取得一致的意见，最后达到预测的目的。德尔菲预测法是由20世纪40年代美国兰德公司研究员设计的。

德尔菲判断法的具体步骤：

第一步，预测活动的组织者先将有关预测问题的背景资料准备好，并针对预测问题设计征询表，在表中提出各种启发式问题。然后邀请有丰富经验的各方面专家组成一个组，人数一般在10人以上。

第二步，组织者用征询表向各位专家征询问题的答案，各位专家用不具名的书面意见形式回答表中提出的预测问题，以免个人的答案受到"权威人士"的影响。组织者将收到的专家回复意见经过综合整理，计算出有关数值，如平均数和离差等，并将综合出来的资料再反馈给各专家成员。各专家收到反馈资料后，进行认真分析考虑，将个人的书面意见修正后寄给组织者，组织者重复进行再综合、再反馈。经过3~4次反复后，各位专家的意见会基本趋于一致。

第三步，组织者最后将这个趋于一致的意见经过技术处理后作为预测结果提供给有关部门。

【例9-6】大华公司准备在2015年下半年生产一款新型产品，希望通过预测计划期销售量来制订生产计划。由于该款新产品没有销售记录，公司决定聘请10位技术、销售、市场和经济等方面的专家采用德尔菲判断法进行预测。最后根据经过10位专家三次反馈的最高、最可能、最低销售量的估计值计算出预测销售量，如表9-4所示。

表9-4 专家意见汇总　　　　　　　　　　　　　　　单位：件

专家编号	第一次征询			第二次征询			第三次征询		
	最高值	最可能值	最低值	最高值	最可能值	最低值	最高值	最可能值	最低值
1	2 500	2 300	2 000	3 000	2 500	2 000	2 900	2 500	2 100
2	2 100	1 900	1 700	2 500	2 200	2 000	2 700	2 300	2 000
3	2 600	2 200	1 800	2 800	2 600	2 300	2 800	2 500	2 200
4	3 100	2 800	2 500	3 200	2 500	1 900	3 000	2 700	2 300
5	2 800	2 500	2 100	2 700	2 500	2 200	2 800	2 600	2 300
6	3 500	3 100	2 900	3 200	2 900	2 500	3 000	2 700	2 400
7	2 600	2 000	1 500	3 100	2 900	2 300	3 100	2 800	2 300
8	2 600	2 000	1 700	2 000	1 800	1 600	2 600	2 300	2 000
9	3 800	3 500	3 000	3 500	3 200	2 700	3 200	3 000	2 600
10	2 400	1 900	1 600	2 700	2 400	1 800	2 800	2 500	2 000
平均值	2 800	2 420	2 080	2 870	2 550	2 130	2 890	2 590	2 220

解：公司根据第三次征询结果的最高、最可能和最低三个平均数值，再计算其算术平均数作为预测销售量：

预测销售量 = （2 890 + 2 590 + 2 220）÷ 3 ≈ 2567（件）

德尔菲判断法的特点是：①匿名性。专家之间互相不通信息，消除了面对面集体讨论带来的权威意见给他人的影响。②反馈性。每一轮的书面意见，由组织者进行集中、整理、反馈，使各位专家不受干扰，独立思考，同时又达到了集思广益的效果。

2. 调查分析法

调查分析法是通过调查产品在市场上所处的阶段、供需情况和消费者的购买意向，来预测产品销售量或销售额的一种方法。产品从投入市场开始到退出市场为止有一个周期性变化的过程，称为产品市场生命周期。处于周期内不同阶段的产品销售量或销售额会有明显的差异。

企业通过市场调查，了解本企业产品处于哪个阶段，掌握产品的市场占有率，并进行认真的分析研究，预测出产品的销售量，以此为企业制定营销策略提供依据。

第三节　成本预测分析

一、成本预测的意义

成本预测是根据企业当前已达到的成本水平和未来的发展目标，考虑到其他有关的技术和经济条件，利用专门的方法对企业未来的成本水平和发展趋势所做的估计和推断。

成本是产品生产过程中所耗费或支出的部分活劳动和物化劳动的货币表现，它可以综合反映企业的劳动生产率的高低、固定资产的利用程度、原材料的使用情况及企业经营管理水平等方面的效率，是制定产品价格的重要依据，同时也是企业进行市场竞争的主要手段。因此，对成本进行科学的预测具有十分重要的意义。

二、成本预测分析的方法

成本预测分析方法常用的有目标成本预测法、加权平均法、回归分析法、因素变动预测法等。

（一）目标成本预测法

目标成本是指在未来一定时期内为实现目标利润所应达到的成本水平。确定目标成本一般要综合考察企业有关产品的品种、数量、单价、销售和目标利润等因素。预测时一般可以采用以下几种方法：

（1）根据预计销售额和目标利润计算目标成本。计算公式如下：

目标成本 = 预计销售收入 − 目标利润

　　　　 = 单位目标成本 × 预计销售量

　　　　 = （预计单位产品价格 − 单位产品目标利润）× 预计销售量

【例 9 − 7】假设某公司生产某种产品，计划年度预计销售额为 500 万元，其目标利润为 10 万元，要求计算该公司的目标成本。

解：

目标成本 = 5 000 000 − 100 000 = 4 900 000（元）

（2）根据预计销售额和销售利润率计算目标利润。计算公式如下：

目标成本 = 预计销售收入 ×（1 − 销售利润率）

（3）以产品某一先进的成本水平作为目标成本。

先进的成本水平既可以是本企业历史上最好成本水平，也可以是国内外同行业同类产品的先进成本水平，或者是按上级主管单位下达的成本降低任务计算的计划成本等。

【例 9 − 8】假设某企业 2015 年度的产品实际成本为 100 万元，计划下年度产品生产量不变，产品成本下降 10%。

[要求] 计算下年度目标成本。

解：下年度目标成本 = 1 000 000 ×（1 − 10%）= 900 000（元）

（二）加权平均法

加权平均法是根据过去若干时期的固定成本总额和单位变动成本的时间数列资料，按照近大远小的原则，给不同时期的资料配以不同的权数，用加权平均的方法建立成本预测模型，进而进行成本预测。其计算公式如下：

$$y = \sum cw/\sum w + (\sum dw/\sum w)x$$

其中，y 为计划期预测总成本；x 为计划期预测产量；c 为过去若干期实际固定成本；d 为过去若干期实际单位变动成本；w 为不同时期的权数（可以采用自然数为权数）。

【例9-9】 大华公司 2011～2015 年甲产品的产量及成本的资料如表 9-5 所示。

表9-5　大华公司近五年甲产品的产量及成本资料

时间（年）	权数 w	产量（台）	固定成本 c（元）	单位变动成本 d（元/台）	加权（元）	
					cw	dw
2011	1	400	90 000	410	90 000	410
2012	2	450	98 000	460	196 000	920
2013	3	420	95 000	420	285 000	1 260
2014	4	500	99 000	400	396 000	1 600
2015	5	540	98 000	410	490 000	2 050
合计	15				1457000	6240

[要求] 根据以上资料预测 2016 年甲产品产量为 580 台的总成本和单位产品成本。

解：根据表 9-5 计算得出：

加权单位固定成本 = 1 457 000 ÷ 15 = 97133.33（元）

加权单位变动成本 = 6 240 ÷ 15 = 416（元/台）

由此配合的成本预测模型为：

$$y = \sum cw/\sum w + (\sum dw/\sum w) \times 97\,133.33 + 416x$$

则：2016 年甲产品的预测总成本 = 97 133.33 + 416 × 580 = 338 413.33（元）

单位产品成本 = 338 413.33 ÷ 580 = 583.47（元/台）

（三）回归分析法

回归分析法是利用成本与产品产量之间的相关关系，根据其历史资料并依据方法的原理，拟定一个相关的数学表达式，当给定自变量数值时，估计和推测因变量的可能值。

相关链接

回归是个统计术语，最早采用这个术语的是英国的遗传学家高尔登，他将这种方法应用于研究生物的遗传问题，认为生物后代有回归到其上代原有特性的倾向。他的学生将这一观点继续发展，把回归的概念和教学方法相结合，将建立起来的代表现象之间相关关系的数学表达式称为回归方程。回归方程有直线回归方程和曲线回归方程之分，反映成本与产量之间关系的是直线回归方程。

依据最小平方法原则确定的反映成本和产量关系的直线回归方程公式为：

$y_c = a + bx$

其中，y_c 为实际总成本 y 的预测值；a、b 为两个待定参数；x 为自变量（产品产量）。

【例 9 - 10】以【例 9 - 9】资料为例，预测 2016 年甲产品产量为 580 台的总成本和单位产品成本。资料如表 9 - 6 所示。

表 9 - 6　大华公司近五年甲产品的产量及成本资料

时间	产量（台）x	成本（元）y	xy	x^2
2011 年	400	254 000	101 600 000	160 000
2012 年	450	305 000	137 250 000	202 500
2013 年	420	271 400	113 988 000	176 400
2014 年	500	299 000	149 500 000	250 000
2015 年	540	319 000	172 260 000	291 600
合计	2310	1 448 400	674 598 000	1 080 500

解：根据表 9 - 6 中资料计算得出：

2016 年度甲产品的预测总成本 = 100 523.34 + 409.43 × 580 = 337 992.74（元）

单位产品成本 = 337 992.74 ÷ 580 = 582.75（元/台）

（四）因素变动预测法

因素变动预测法是以前一期的实际成本为基础，充分考虑到影响成本的各项因素可能发生的变动，通过综合分析这些因素的变动对成本的影响程度，来预测下一期的产品成本。影响成本的各项因素包括产品产量、材料成本、材料耗费、制造费用、生产技术和劳动生产率等，这些因素发生变动都会引起产品成本跟着发生变动。

第四节　利润预测分析

一、利润预测的意义

利润是企业在一定会计期间内生产经营活动的成果，是企业经营管理中的一个重要指标，利润预测也就成为企业经营预测的一个主要内容。利润预测是按照企业经营目标的要求，通过对影响利润变动的有关因素的综合分析，来推测和估算未来一定时期内可能达到的利润水平。做好利润的预测工作，对于加强企业经营管理、扩大经营成果、提高经济效益有极其重要的意义。

二、利润预测分析方法

（一）预测目标利润

目标利润是企业在未来会计期间内，努力应该达到的最优利润控制目标。预测的具体步骤是：

1. 预计利润

预计利润是根据预计的销售量或销售额，预测未来会计期间可能实现多少利润。

计算公式如下所示：

预计利润 = 预计销售收入 - 变动成本 - 固定成本

　　　　= 边际贡献 - 固定成本

　　　　= （产品单位售价 - 单位变动成本）× 预计销售量 - 固定成本

【例 9-11】 大华公司预计在计划期可能销售乙产品 500 件，单价为 55 元，单位变动成本 40 元，固定成本总额 3000 元，要求预计该公司在计划期间可能实现的利润额。

解：

预计利润 = （55 - 40）× 500 - 3 000 = 4 500 （元）

小思考

预计利润额与目标利润额是否相等?

2. 确定目标利润

对未来会计期间的利润经过预计以后,再根据企业在计划期间的生产能力、生产技术条件及市场情况等因素确定目标利润。目标利润可以先根据选定的利润率标准乘上相应的指标测算目标利润基数,然后对目标利润基数进行修正以确定目标利润。

(1) 测算目标利润基数。

其公式如下:

目标利润基数 = 预计销售收入 × 销售利润率

　　　　　　 = 预计销售收入 × (利润/销售收入)

或:

目标利润基数 = 预计资金平均占用额 × 资金利润率

　　　　　　 = 预计资金平均占用额 × (利润 ÷ 资金平均占用额)

【例 9 – 12】 假定某企业 2015 年生产并销售某产品 1 000 台,单价 100 元,利润为 12 000 元。经过市场调查分析,预计明年这种产品可以销售 1300 台。

[要求] 根据 2015 年实现的销售利润率预计明年的目标利润基数。

解:

2016 年的目标利润基数 = (100 × 1300) × (12 000/100 × 1000) = 15 600 (元)

除了以上两种方法,也可以用预计总产值与产值利润率指标相乘来计算目标利润基数。

(2) 修正目标利润。将目标利润基数与按传统方式测算出来的预计利润进行比较分析,并按本量利分析的原理分项测算为实现目标利润基数而采取的各项措施,包括测算目标销售量、目标成本和目标单价,并分析其可能性。

当期望值与可能性相差不大时,就可以将目标利润基数确定为目标利润;如果期望值与可能性相差较大,则需要适当修改目标利润。最终确定的目标利润应为:

目标利润 = 目标利润基数 + 目标利润修正值

目标利润一经确定,就要纳入预算执行体系,层层分解落实,并以此为依据采取相应措施。

（二）因素变动预测

影响利润的因素有很多，如销售量、成本和产品销售单价等，这些因素一旦发生变动会对利润产生一定的影响。各种因素对利润的影响分析也称为利润敏感性分析或因素分析。这种分析是以实现目标利润为前提，对这些因素的变动程度进行预测。

1. 单项因素变动预测

单项因素变动预测是假定未来会计期间影响利润的各项因素中只有一种因素发生变动，而其他因素保持不变，努力达到这种因素的预测量就能实现目标利润。

根据本量利分析原理，利润的计算公式为：

利润 =（单价 − 单位变动成本）× 销售量 − 固定成本

由此推导，假定企业未来时期的目标利润已经确定，而且在其他因素不变的情况下，影响利润的各因素应该达到的目标公式为：

目标销售量 =（目标利润 + 固定成本）/（单价 − 单位变动成本）

目标单价 = 单位变动成本 +（目标利润 + 固定成本）/ 销售量

目标单位变动成本 = 单价 −（目标利润 + 固定成本）/ 销售量

目标固定成本 =（单价 − 单位变动成本）× 销售量 − 目标利润

以上公式中，目标利润为税前利润，它和需要计算的指标是计划期指标，其余均为基期指标。

【例 9 − 13】假定某企业生产一种产品，2015 年产品固定成本为 28 000 元，单价 100 元/件，单位变动成本为 60 元/件，全年实际销售 1000 件，实现的利润为 12 000 元，资金利润率为 30%。预计 2016 年企业资金平均占用额为 48 000 元。

[要求] 预计 2016 年的目标利润，并在此基础上预计为实现目标利润而应达到的各项指标。

解：

（1）2016 年目标利润基数 = 48 000 × 30% = 14 400（元）

（2）假定其他因素不变，预测各影响因素指标如下：

目标销售量 =（14 400 + 28 000）÷（100 − 60）= 1060（件）

目标单价 = 60 +（14 400 + 28 000）÷ 1 000 = 102.4（元/件）

目标单位变动成本 = 100 −（14 400 + 28 000）÷ 1 000 = 57.6（元/件）

目标固定成本 =（100 − 60）× 1 000 − 14 400 = 25 600（元）

2. 多项因素变动预测

上述计算表示，在假定一个因素变动时，其他因素都不变，企业只要采取以上任何一项措施均可保证实现目标利润。这时，目标利润基数不需要修正，可以确定为目标利润。

但是在实际经济活动中，利润的各影响因素相互联系、相互影响，如提高产量及销售量，有可能会进行设备更新，它首先会使固定成本增加，另外会提高劳动生产率，从而使单位变动成本降低。预测时就需要综合考虑各因素的变动对利润的影响程度。对利润影响程度大的因素称为高灵敏度因素；对利润影响程度小的因素称为低灵敏度因素。预测方法是先按其对利润灵敏度高低将各因素依次排序，分别计算出各因素的变动对利润的影响程度；然后进行综合汇总确定目标利润。

（三）利用经营杠杆系数进行预测

由于企业成本被划分为固定成本和变动成本两部分，根据本量利分析原理，随着产销量增加，单位固定成本呈反方向变动，所以在有关因素不变的情况下报告期的利润变动幅度将大于销售量的变动幅度，这一规律称为经营杠杆。它所产生的效益及风险可用经营杠杆系数来衡量。

1. 经营杠杆系数

经营杠杆系数（Degree of Operating Leverage，DOL）是指在一定的条件下，报告期的利润变动率相当于销售量变动率的倍数，该数值的大小反映了经营杠杆效用的高低以及经营风险程度。其计算公式为：

经营杠杆系数 = 利润变动率 ÷ 销售量变动率

其中：

利润变动率 =（报告期利润 − 基期利润）÷ 基期利润 = 利润变动额 ÷ 基期利润

销售量变动率 =（报告期销售量 − 基期销售量）÷ 基期销售量 = 销售量变动数 ÷ 基期销售量

因为：

利润 =（单价 − 单位变动成本）× 销售量 − 固定成本

　　 = 边际贡献总额 − 固定成本

又因为根据利润敏感分析结果可知：

利润变动额 =（基期单价 − 基期单位变动成本）× 销售量变动数

将利润变动率、销售量变动率及利润增加额代入经营杠杆系数公式，经过推导，经营杠杆系数公式可以简化为便于进行预测的公式：

　　经营杠杆系数 = 基期边际贡献总额 ÷ 基期利润

　　【例9－14】已知某企业2014年和2015年生产同种产品，其利润的有关资料如表9－7所示。

　　[要求]：计算2015年和2016年的经营杠杆系数。

表9－7　某企业利润的相关资料　　　　　　单位：元

指标	2014年实际	2015年实际
销售量（件）	1000	1 200
单价	80	80
单位变动成本	55	55
固定成本	2 000	2 000
单位边际贡献	25	25
边际贡献总额	25 000	30 000
税前利润	23 000	28 000

　　解：由上述资料可得：

2015年经营杠杆系数 = [（28 000 － 23 000）÷ 23000] ÷

　　　　　　　　　　[（1 200 － 1 000）÷ 10 000] ≈ 1.09

或用简化公式：2015年经营杠杆系数 = 25 000 ÷ 23 000 ≈ 1.09

同理：

2016年的经营杠杆系数 = 30 000 ÷ 28 000 ≈ 1.07

　　2. 利用经营杠杆系数预测利润

计划期的预计利润可用下列公式计算：

预计利润 = 基期利润 + 利润变动额

　　　　 = 基期利润 + 基期利润 × 利润变动率

　　　　 = 基期利润 ×（1 + 利润变动率）

　　　　 = 基期利润 ×（1 + 销售量变动率 × 经营杠杆系数）

　　【例9－15】仍以【例9－14】资料为例，以2015年为基期，预计2016年的销售变动率为20%，要求预测2016年利润额。

　　解：

2016年利润预测值 = 28 000 ×（1 + 20% × 1.07）= 33 992（元）

由以上两个例子可以看出，在产品单价、单位变动成本和固定成本不变的情况下，销售量越大，经营杠杆系数越小；反之，销售量越小，经营杠杆系数越大。而经营杠杆系数越大，企业的经营风险就会越大。因此，企业应该保持相对比较低的经营杠杆系数为好。

本章小结

预测分析让企业能够在制定决策以前有所行动，以便预测哪些行动在将来最有可能获得成功。利用趋势预测法和因果预测法对成本进行定量预测优化成果，并解决特定的业务问题。通过本章学习，有助于学生深入理解预测分析的基本理论。

练习题

一、复习思考题

1. 什么是预测分析？预测分析的步骤有哪些？

2. 定性分析法和定量分析法有什么区别？预测时这两种方法为什么要结合使用？

3. 销售预测常用的方法有几种？

4. 成本预测分析的重要性是什么？

5. 什么是经营杠杆系数？如何利用经营杠杆系数预测利润？

6. 资金需要量预测用哪两种方法？如何进行预测？

二、单项选择题

1. （　　）是根据人们的主观判断确定未来的估计值。

A. 定性分析法　　　　　　　B. 定量分析法

C. 回归分析法　　　　　　　D. 加权平均法

2. 利用专家的知识和经验，对无法量化的信息，通过"背靠背"的方法进行信息的交换，逐步取得一致的意见，达到预测目的的方法是（　　）。

A. 德尔菲预测法　　　　　　B. 调查分析法

C. 因果预测分析法　　　　　D. 推销员判断法

3. 指数平滑法中的平滑系数是一个经验值，其取值范围一般在（　　　）。

A. 0.1 ~ 0.5   B. 0.2 ~ 0.5

C. 0.3 ~ 0.6   D. 0.3 ~ 0.7

4. （　　　）不仅可以用来预测利润，还能反映经营风险的大小。

A. 平滑系数   B. 经营杠杆系数

C. 权数   D. 回归方程参数

5. 一般情况下，影响资金需要量程度最大的是计划期间的（　　　），它是资金需要量预测的主要依据。

A. 销售预测   B. 成本预测

C. 利润预测   D. 产品市场生命周期预测

三、多项选择题

1. 利用专家的知识和经验，对无法量化的信息，通过"背靠背"的方法进行信息的交换，逐步取得一致的意见，达到预测目的的方法是（　　　）。

A. 定性分析法   B. 判断分析法

C. 德尔菲判断法   D. 集体经验判断法

2. 在销售预测的定性分析法中包括（　　　）。

A. 判断分析法   B. 产品市场生命周期分析法

C. 调查分析法   D. 加权平均法

3. 成本预测方法常见的有（　　　）。

A. 目标成本预测法   B. 加权平均法

C. 回归分析法   D. 因素变动预测法

4. 用销售百分比法预测资金需要量的步骤是（　　　）。

A. 分析基期资产负债表中各个项目与销售收入之间的关系

B. 计算和销售额相关项目的金额占销售额的百分比

C. 计算预测期企业内部形成的资金

D. 确定预测期资金需要量

5. 资金需要量预测的主要方法有（　　　）。

A. 销售百分比法   B. 指数平滑法

C. 回归分析法   D. 高低点法

四、判断题

1. 在销售预测的定量分析中常用的方法有趋势预测分析法和因果预测分析

法。（ ）

2. 德尔菲判断法的特点是具有匿名性和反馈性。（ ）

3. 企业只有在销售预测后，才能组织产品的正常生产和销售，从而测定企业的资金需要量。（ ）

4. 成本预测时，只能根据反映成本和产量之间相关关系的历史资料才能进行。（ ）

5. 利用经营杠杆系数只能进行利润预测。（ ）

五、计算题

1. 光明公司 2015 年下半年甲产品销售额资料如表 9-8 所示。

表 9-8　光明公司 2015 年下半年甲产品销售资料　　　　单位：万元

月份	7	8	9	10	11	12
销售额	12	11	14	13	13	14

[要求] 分别采用简单平均法、加权平均法、指数平滑法（12 月的预测值为 13.5 万元，平滑系数为 0.3）和回归分析法预测 2016 年 1 月的销售额。

2. 某企业生产 A 产品，2015 年上半年的产量及成本资料如表 9-9 所示。

表 9-9　某企业 2015 年上半年 A 产品产量及成本资料

时间	产量（台）x	成本（元）y
1	200	4 000
2	250	5 000
3	220	4 400
4	300	4 600
5	340	5 300
6	380	5 500
合计		

[要求] 根据以上资料采用回归分析法预测 7 月 A 产品产量为 400 台的总成本和单位产品成本。

3. 已知长江公司只生产一种产品，其利润的有关资料如表 9-10 所示。以

2015 年为基期，预计 2016 年的销售变动率为 25%，要求预测 2016 年的经营杠杆系数和利润额。

表 9 - 10　长江公司利润的相关资料　　　　单位：元

指标	2015 年实际
销售量（台）	1000
单价	500
单位固定成本	305
固定成本	28000

4. 某企业 2015 年 12 月 31 日简易的资产负债表如表 9 - 11 所示。又知：2015 年企业的销售收入 100 万元，销售利润率为 15%，税后利润留存率为 40%。企业现有固定资产利用率已经饱和，2016 年预计销售收入为 140 万元，计提的折旧额为 3 万元，有关零星开支 1 万元。

表 9 - 11　资产负债表
2015 年 12 月 31 日　　　　单位：元

资产	金额	负债及所有者权益	金额
货币资金	160 000	应付票据	20 000
应收账款	50 000	应付账款	80 000
存货	200 000	应交税费	14 000
		其他应付款	16 000
长期投资	120 000	长期借款	200 000
固定资产净值	450 000	实收资本	580 000
无形资产	40 000	未分配利润	110 000
资产合计	1 020 000	负债及所有者权益合计	1 020 000

[要求] 根据销售百分比预测 2016 年资金需要量。

第❿章
成本报表与成本分析

学习目标

1. 理解并掌握工业成本报表作为内部报表的性质、作用和种类。
2. 掌握成本报表的结构和编制方法。
3. 掌握成本分析的一般方法和程序。
4. 掌握成本分析的主要内容。

第一节　成本报表

正如我们在第一章中所述，成本会计就是企业会计信息系统的重要一环。它为企业会计提供了不可或缺的成本信息。那么，企业应该如何系统地归纳和整理成本会计数据和信息，如何对这些数据和信息进行分析呢？成本报表就是归纳和整理成本会计数据和信息的一项工具，而成本分析就是对成本报表所反映的成本数据和信息进行分析。成本报表应该明确列报企业在特定的会计期间的实际成本，以及实际成本与预算之间的差异。而成本分析则主要通过使用比率分析和预算差异分析的方法，分析企业的成本投入水平，计算成本差异金额并分析差异产生的原因，从而降低成本。成本报表和成本分析为企业的成本管理和经营业绩评价奠定了基础。

成本报表是反映企业在某一会计期间内实际投入的成本金额的报表。成本报表虽然是企业会计报表体系中的一个组成部分，但是必须注意的是，成本报表不是企业财务会计报表的一部分，不具有任何对外披露的责任和义务。因此，我国最新版的《企业会计准则》中也没有任何有关成本报表编制的要求。成本报表仅是企业管理者出于自身管理需要而使用的内部文件。尽管我国《企业会计准则》对企业是否编制成本报表没有任何要求，但在企业的实际经营中，是否能够及时而准确地编制成本报表，成本报表能否反映企业的实际成本情况以及与预算的差距，这些都决定了企业能否成功地实施日常的成本管理。

一、成本报表的特点

成本报表反映的是一定会计期间内成本和费用的实际构成以及与预算的比较。成本报表无须对外披露，只是企业内部成本管理的报表。作为企业的内部报表，成本报表具有以下特点：

（一）内容更具有针对性

编制成本报表的主要目的是满足企业内部经营管理的需要，更具针对性。企业对外披露的财务报表，主要是为投资者、债权人、政府部门等企业外部的财务信息使用者服务的，因而它们需要全面地反映企业的财务状况和经营成果。而成本报表主要为企业内部管理者服务，它能随时满足企业管理者对特定的成本信息的需求。只要企业管理者需要，成本会计人员就可以有针对性地编制不同种类的成本报表，而不会受到《企业会计准则》或监管部门的任何限制。

（二）成本报表的种类、内容、格式和编制方法具有灵活性

对外报送的财务报表，其种类、内容、格式以及报送对象等均由《企业会计准则》统一规定，企业不能随意更改。而属于企业内部报表的成本报表则不同，成本报表主要是为内部管理服务，因此，报表的种类、内容、格式和编制方法均由企业自行决定。根据企业管理和经营决策的需要，成本会计人员既可以编制反映企业全面情况的成本报表，又可以仅针对某一部门、就某一问题或从某一侧面编制有针对性的成本报表。报表的格式均可根据成本会计人员的喜好自行决定，只要能清楚地表述出需要的内容即可。企业主要成本报表的种类、内容、格式和编制方法等，应本着实质重于形式的宗旨，由企业管理层或成本会计人员量身定制。

（三）成本报表更具时效性

对外财务报表是需要定期编制和报送的，而作为对内报表的成本报表，除了为满足定期考核、定期分析的目的而定期编制些成本报表之外，还可以采用日

报、周报、旬报的形式，甚至随时地、不定期地进行编制。只要企业管理者需要，就应随时编制，及时报告成本信息，及时揭示成本中存在的问题。由于企业经营状况和市场形势实时变动，过去的成本报表不宜用于当前的成本管理和经营决策，因而成本报表更具有时效性。

二、成本报表的种类

（一）按成本报表所反映的内容分类

1. 反映产品成本情况的报表

这类报表主要反映企业为生产一定种类和一定数量产品所支出的生产成本及其构成情况，并与预算或同行业同类产品先进水平相比较，反映产品成本的变动情况和变动趋势。属于此类成本报表的有全部产品成本报表、单位成本报表等。

2. 反映特定成本项目的报表

这类报表反映了企业在一定会计期间内的某些特定的生产成本或期间费用的总额及构成情况。它与预算进行对比，反映这些成本项目的金额的变动情况和变动趋势。属于此类成本报表的有制造费用明细表、销货成本明细表、费用明细表、管理费用明细表和财务费用明细表等。

3. 反映成本管理专题的报表

这类报表反映企业成本管理中某个专题的成本报表，如质量成本报表、环境成本报表等。

（二）按报表编制的时间分类

1. 定期报表

定期报表是按规定期限报送的成本报表。按照报送期限的长短，定期报表有年报、季报、月报、旬报、周报和日报。

2. 不定期报表

不定期报表是为满足临时或者特殊任务等的需要而编制报送的成本报表。目的在于及时反馈某些重要的成本信息，方便管理者采取相应的对策。

（三）按照报表的报送对象分类

1. 一定范围内的对外报表

对外成本报表是指企业向外部单位，如上级主管部门或联营单位等报送的成本报表。在市场经济中，成本报表一般被认为是企业内部管理用的报表，属于企业的商业秘密，按惯例不对外公开。但在我国国有企业中，为了国家管控的需要，目前设置有分管或托管这些企业的主管部门。主管部门为了监督企业经营，需要了解企业的成本会计信息，这就要求国有企业报送成本会计报表。在这种情况下，表面上看企业是对外报送，但报送对象仅限于上级主管部门。实际上还是一种扩大范围的对内报送。

2. 对内报表

对内报表是指为了企业内部经营管理需要而编制的成本报表。这种报表，其内容、种类、格式、编制方法和程序、编制时间和报送对象，均由企业根据自己生产经营和管理的需要来确定，成本报表就是其中的一种。它的编制目的，主要在于让企业管理者和职工了解日常成本费用预算执行的情况，以便调动大家的积极性来控制费用的发生。为提高经济效益服务的同时，为企业管理者和投资者提供经营的成本费用信息，以便进行决策和采取有效措施不断降低成本费用。

（四）按编制报表的范围分类

按报表编制的范围不同，成本报表可分为全厂成本报表、车间成本报表、班组成本报表和个人成本报表。一般来说，全部产品成本报表、单位成本报表是全厂成本报表；而制造费用明细表、责任成本表、质量成本表等，既可以是全厂成本报表，也可以是车间或班组或个人成本报表。

三、成本报表的编制

（一）编制成本报表的依据

编制成本报表的主要依据有报告期的成本账簿资料、本期成本及费用预算等资料、企业有关的统计资料等。

（二）编制成本报表的基本要求

为了提高成本信息的质量，充分发挥成本报表的作用，成本报表的编制应符合下列基本要求：

1. 可靠性

可靠性即成本报表的指标数字必须真实可靠，能如实地集中反映企业实际发生的成本。成本报表的指标数字要计算正确；各种成本报表之间、主表与附表之间、各项目之间，凡是有钩稽关系的数字，应相互一致；本期报表与上期报表之间有关的数字应相互衔接。

2. 重要性

重要性即对于重要的成本项目，在成本报表中应单独列示，以显示其重要性；对于次要的项目，可以合并反映。

3. 完整性

完整性即编制的各种成本报表必须齐全；应填列的指标和文字说明必须全面；表内项目和表外补充资料无论是根据账簿资料直接填列还是分析计算填列，都应当准确无误，不得随意取舍。

4. 及时性

及时性即尽快、及时地报送成本报表。成本数据具有时效性，过时的成本数据会误导企业管理者的决策和判断。因此，成本会计人员应该保证成本报表的及时性，以便各级管理人员的使用和分析，充分发挥成本报表应有的作用。

（三）成本报表的编制方法

成本报表的编制理应从成本对象（产品、部门等）出发列示项目，主要包括当期的实际成本和预算成本。列示产品当期的直接材料和直接人工的实际数、当期制造费用或期间费用的实际数以及这些成本项目的预算数。除此之外，企业还可根据自身的实际需要列示上年实际数和其他补充资料。

成本报表中的实际成本、费用应当根据相关的产品成本或费用明细账的实际发生额填列。成本报表中的预算数应根据相关预算填列，表中的其他补充资料则按照企业的需要进行填列。

但是，有关上期实际数的填制需要注意。企业在使用过去的财务数据时需要特别谨慎。因为，企业过去的财务数据，如上年实际数，只能说明在上一年度的市场和经济环境中企业的表现，而不应该与当期的数据作比较。因为现代企业面临激烈的市场竞争，市场环境千变万化，每年都可能发生重大改变，所以上年数据就会失去可比性。因此，上年数据只能用做参考，而不应该用作与本年度数据的比较。

四、成本报表的编制实例

(一) 全部产品成本报表

全部产品成本报表是反映企业在报告期内生产的全部产品的总成本以及单位成本的报表。该报表一般分为两种：一种按成本项目反映，另一种按产品品种反映。

1. 按照成本项目反映的全部产品成本报表

（1）结构。按成本项目反映的全部产品成本报表，是按成本项目汇总反映企业在报告期内发生的全部生产成本的报表。具体结构如表 10-1 所示。

表 10-1　全部产品成本报表

编制单位：××公司　　　　　　　　　2012 年 12 月　　　　　　　　单位：万元

项目	上年实际	本年预算	本月实际	本年累计实际
直接材料	5 000	4 500	506	4 250
直接人工	3 000	2 800	286	2 675
制造费用	50	48	4	50
小计	8 050	7 348	796	6 975
加：在产品、自制半成品期初余额	36	35	34.8	33.8
减：在产品、自制半成品期末余额	42	41	40.9	40.9
生产成本	8 044	7 342	789.9	6 967.9

（2）编制方法。表 10-1 反映报告期内发生的直接材料、直接人工和制造费用各项的小计金额。在此基础上，加上在产品、自制半成品的期初余额，减去在产品和自制半成品的期末余额，就计算出产品生产成本的合计金额。各项成本数据，还可以按上年实际、本年预算、本月实际、本年累计实际分栏计算并反映。

2. 按照产品品种反映的全部产品成本报表

（1）按产品品种反映的全部产品成本报表，是企业在报告期内生产的不同种类产品的单位成本和总成本的报表。该表将全部产品分为不同系列的产品，分别列示各种产品的单位成本、本月总成本、本年累计总成本。企业设计生产的同一系列的产品，往往生产工艺高度相似，仅颜色和配置等略作调整。企业设计生产的不同系列的产品，往往生产工艺有所不同，款式等也都存在较大不同。例如，福特汽车公司生产的蒙迪欧系列轿车，属于同一系列产品；而蒙迪欧系列轿车和福克斯系列轿车是不同系列的产品。

（2）编制方法。按照产品品种反映的全部产品成本报表主要依据有关产品的"产品成本明细账""年度预算"等资料填列有关项目。

1）产品名称。本项目应填列企业的产品的名称。

2）实际产量。此项目分为两栏，分别反映本月和从年初到本月末各种主要产品的实际产量，应根据直接材料、直接人工、制造费用和期间费用的原始凭证或产品成本明细账的记录计算填列。

3）单位成本。此项目分为四栏，分别反映各种主要商品产品的本年预算、本月实际、本年累计的单位成本以及预算差异。其中：

a. 本年预算的单位成本。本项目根据本年度预算中所列的单位成本相关资料填列。

b. 本月实际的单位成本。本项目根据本月实际总成本除以本月实际产量计算填列。

c. 本年累计的平均单位成本。本项目根据表中本年累计实际总成本除以本年累计实际产量计算填列。

d. 预算差异。本项目反映本年预算与本年累计的平均单位成本的差额。

4）本月总成本。本项目分为三栏，反映各种主要产品的本年预算和本月实际总成本，以便按月考核产品成本预算的完成情况。其中：

a. 本月预算项目，根据本年预算单位成本乘以本月实际产量计算填列。

b. 本月实际项目，应根据本月实际产量乘以本月实际的单位成本计算填列。

c. 预算差异项目，根据本月实际数额减去本月预算数额计算填列。结果为正表示不利差异，数额为负表示有利差异。

5）本年累计总成本。本项目也分为三栏，反映各种主要产品本年累计实际产量的本年预算和本年累计实际的总成本以及预算与实际的差额，用以考核年度内预算的完成情况与结果。其中：

a. 本年预算项目，根据本年预算单位成本乘以本年累计实际产量计算填列。

b. 本年实际项目，应根据本年累计的实际产量乘以本年累计的单位成本计算填列。

c. 预算差异项目，根据本年实际数额减去本年预算数额计算填列。

（二）单位成本报表

单位成本报表是反映企业在报告期内生产的主要产品的单位成本的构成情况

的报表。该报表是按产品分别编制的，是对全部产品成本报表的有关单位成本所做的进一步的补充说明。这张报表还可以反映企业的主要产品的预算的执行结果、计算差异金额以及区分该差异属于有利差异还是不利差异。

1. 结构

单位成本报表上半部分列示主要产品的基本情况（如产品名称、规格等）；下半部分则分别按成本项目列示本年预算、本月实际、本年累计实际和年度预算差异。年度预算差异中应该注明有利差异或不利差异。主要产品的单位成本报表的结构如表 10 – 2 所示。

表 10 – 2　单位成本报表

编制单位：××公司　　　　　　　　20××年×月　　　　　　　　单位：元

产品名称	甲产品		规格	
本月实际产量			本年累计实际产量	
销售单价				
成本项目	单位成本			
	本年预算	本月实际	本年实际	年度预算差异
直接材料				
直接人工				
制造费用				
单位生产成本				
主要技术经济指标	单位消耗量			
1. 主要材料（千克）				
A 材料				
B 材料				
2. 生产工人工时（小时）				

2. 编制方法

（1）上半部分列示主要产品的基本情况的产品名称、规格等，根据有关产品实际情况填列；本月实际及本年累计实际产量应根据生产成本明细账或产成品成本汇总表填列；销售单价应根据产品的实际定价填列，但需与"销售收入"明细账中的单价保持一致。

（2）各项成本项目的本年预算的单位成本，应根据本年度的预算资料填列。

（3）各项或本项目的本月实际的单位成本，应根据生产成本明细账或产成品成本汇总。

（4）各项成本项目的本年实际的单位成本，即本年累计的实际平均单位成本，应根据该种产品的生产成本明细账所记录的自期初到期末的产成品实际总成本除以累计实际产量计算填列。

（5）年度预算差异，等于本年实际的数额减去本年预算的数额，结果为正数表示不利差异，结果为负数则表示有利差异。

（6）主要技术经济指标反映了单位产品的主要材料和生产工人工时的消耗数量，应根据企业技术部门的资料填列。

（三）制造费用明细表

制造费用明细表是反映企业在报告期内发生的各项制造费用及其构成情况的报表。该表一般按制造费用项目分别反映企业制造费用的本年预算数、本月实际数、本年累计实际数以及预算差异。根据制造费用明细表，可以了解报告期内制造费用的实际支出水平、可以考核制造费用预算的完成情况、分析预算差异是不利差异还是有利差异，以便寻找差异发生的原因，及时采取措施纠正差异，加强对制造费用的控制和管理。

1. 结构

制造费用明细表是反映企业在报告期内所发生的制造费用的报表。其格式如表 10－3 所示。

表 10－3 制造费用明细表

编制单位：××公司   20××年×月   单位：元

项目	本年预算数	本月实际数	本年累计实际数	预算差异
工资及福利费				
折旧费				
修理费				
办公费				
水电费				
机物料消耗				
劳动保护费				
在产品盘亏、毁损				
停工损失				
其他				
合计				

2. 编制方法

（1）本年预算数，应根据制造费用年度预算数填列。

（2）本月实际数，应根据"制造费用"总账所属各基本生产车间制造费用明细账的本月合计数填列。

（3）本年累计实际数，应根据上月本表该栏的累计数和本月实际数汇总合计填列。

（4）预算差异，等于本年实际的数额减去本年预算的数额，结果为正数表示不利差异，结果为负数则表示有利差异。应注明有利差异或不利差异。

（四）期间费用明细表

期间费用报表是反映企业在报告期内发生的各种期间费用情况的报表，包括销售费用明细表、管理费用明细表和财务费用明细表。编制期间费用明细表是为了反映、分析期间费用内部各项费用的构成情况、考核期间费用的预算完成情况、分析预算差异并寻找差异发生的原因以便及时采取措施纠正差异，加强对期间费用的控制和管理。

1. 销售费用明细表的编制

销售费用明细表是反映企业在报告期内发生的涉及产品销售方面的费用及其构成情况的报表。该表一般按照费用项目分别反映各费用的本年预算数、本月实际数、本年累计实际数和预算差异，如表10-4所示。

表10-4　销售费用明细表

编制单位：××公司　　　　　　　　　20××年×月　　　　　　　　单位：元

项目	本年预算数	本月实际数	本年累计实际数	预算差异
职工薪酬				
运输费				
装卸费				
包装费				
保险费				
展览费				
广告费				
其他				
合计				

表 10 - 4 中"本年预算数"应根据销售费用预算填列;"本月实际数"应根据销售费用明细账的本月合计数填列;"本年累计实际数"可以根据上月本表该栏数字和本月实际数汇总相加填列;"预算差异"等于本年累计实际数减去本年预算数的差额,结果为正数表示不利差异,结果为负数则表示有利差异。企业根据需要还可以在本表中增加"本月预算数"栏,此栏可根据销售费用的月度预算来填列,这时预算差异就等于本月实际数减去本月预算数的差额,应注明有利差异或不利差异。

2. 管理费用明细表

管理费用明细表是反映企业在报告期内发生的管理费用及其构成情况的报表。该表一般按照费用项目分别反映该费用的本年预算数、本月实际数、本年累计实际数和预算差异,如表 10 - 5 所示。

表 10 - 5　管理费用明细表

编制单位:　　　　　　　　　　年　月　　　　　　　　　　单位:元

项目	本年预算数	本月实际数	本年累计实际数	预算差异
职工薪酬				
折旧费				
工会经费				
业务招待费				
印花税				
房产税				
车船使用税				
土地使用税				
无形资产摊销				
职工教育经费				
劳动保险费				
坏账损失				
材料产品盘亏、损失				
其他				
合计				

表 10 - 5 中"本年预算数"应根据管理费用预算填列;"本月实际数"应根据管理费用明细账的本月合计数填列;"本年累计实际数"可以根据上月本表该

栏数字和本月实际数汇总相加填列;"预算差异"等于本年累计实际数减去本年预算数的差额,结果为正数表示不利差异,结果为负数则表示有利差异。如果需要,还可以在本表中增加"本月预算数"栏,此栏可根据管理费用的月度预算来填列,这时预算差异就等于本月实际数减去本月预算数,应注明有利差异或不利差异。

3. 财务费用明细表的编制

财务费用明细表是反映企业在报告期内发生的财务费用及其构成情况的报表。该表一般按费用项目分别反映该费用项目的本年预算数、本月实际数、本年累计实际数和预算差异,如表10-6所示。

表10-6　财务费用明细表

编制单位:　　　　　　　　　　　年　月　　　　　　　　　　　单位:元

项目	本年预算数	本月实际数	本年累计实际数	预算差异
利息支出				
汇兑损失				
手续费				
其他				
合计				

表10-6中"本年预算数"应根据财务费用预算填列;"本月实际数"应根据财务费用明细账的本月合计数填列;"本年累计实际数"可以根据上月本表该栏数字和本月实际数汇总相加填列;"预算差异"等于本年累计实际数减去本年预算数的差额,结果为正数表示不利差异,结果为负数则表示有利差异。企业根据需要,还可以在本表中增加"本月预算数"栏,此栏可根据财务费用的月度预算来填列,这时预算差异就等于本月实际数减去本月预算数的差额,应注明有利差异或不利差异。

第二节　成本分析

成本分析是对成本报表中列示的各项成本进行分析。成本分析的方法主要包括比率分析法和差异分析法。比率分析法主要通过使用各种与成本有关的财务比率，较宏观地反映企业的成本水平。而差异分析法是将各项费用和成本与预算进行比较，确定差异是属于有利差异还是不利差异，计算出差异的金额，然后查找差异产生的原因，以便企业采取措施改善成本，提高成本管理水平。成本分析一般在期末（如月末、季末、年末）进行。通过成本分析，企业能对某一会计期间的成本情况获得比较全面的认识。成本分析是成本核算之后必不可少的步骤，是企业成本管理的重要环节。

一、成本分析的一般程序

（一）准备阶段

1. 明确成本分析的目的

成本分析的主要目的是全面分析成本金额大小和构成状况，寻找成本变动的原因，从而进行成本管理。明确了成本分析的目的，就可以开始成本分析了。

2. 明确成本分析的标准

成本分析一般以预算作为依据，采用标准成本法的企业也可使用标准成本作为依据。但是，企业一般不使用历史成本作为成本分析的标准，主要原因是过去的历史成本在很大程度上已经过时了。尤其在市场环境不断变化、市场竞争日益激烈的今天，把历史成本用作成本分析的标准将使企业面临极大的风险。明确了成本分析的标准，企业就可以将企业的实际成本与标准成本进行对比，找出差异并分析原因了。

3. 完善成本资料

在进行成本分析之前，必须收集完善的成本资料，这是进行成本分析的基础。成本分析所需要的资料主要包括实际成本资料、预算资料和标准成本资料。

（二）实施阶段

1. 整体分析

整体分析主要是对本期的每一份成本报表进行研读和对比，主要方法包括：水平地关联和比较本期的每一份成本报表；垂直地研读本期和上期的成本报表以发现成本趋势。整体分析主要是对本期每一份成本报表进行全面的研读，以便全面了解企业整体的成本状况。

2. 比率分析

比率分析主要使用成本报表中的数据，通过计算比率来进行对比分析。

3. 差异分析

本书主要详述"连环替代找差异法"，就是要在整体分析和比率分析的基础上，从寻找影响预算完成因素的角度，对预算的完成情况进行分析，从而确定有利差异和不利差异产生的原因。

（三）报告阶段

1. 做出成本分析结论

成本分析结论是在应用各种成本分析方法进行分析的基础上，将定量分析结果、定性分析判断及实际调查情况相结合而产生的。

2. 提出可行性措施建议

成本分析不能仅仅满足于分析原因、得出结论，更重要的是必须针对问题提出切实可行的措施，为解决问题提供决策依据。

3. 编写成本分析报告

成本分析报告将成本分析的基本问题、基本结论，以及针对问题提出的措施建议以书面的形式表达出来，为企业管理者提供决策依据。

二、成本分析的方法

（一）比率分析法

比率分析法是指将反映成本状况或与成本水平相关的两个因素联系起来，通过计算比率，反映它们之间的关系，以此评价企业成本状况和经营状况的一种成本分析方法。在实际工作中，分析的目的不同，需计算的指标形式也不同，常见的有相关指标比率分析、构成比率分析和动态比率分析三种。

1. 相关指标比率分析

相关指标比率分析是指将两个性质不同但又相关的指标对比求出比率的一种数量分析方法。在实际工作中，由于各个企业的规模不同，单纯采用比较分析法进行对比，很难说明企业经济效益和成本管理的优劣，为了深入了解生产经营中某方面的情况，可以计算相关比率进行分析。

产值成本率是产品生产成本与产品产值的比率，反映企业一定时期内生产耗费与生产成果的关系，其计算公式如下：

产值成本率＝产品生产成本/产品产值×100%

营业收入成本率是营业成本与营业收入的比率，反映企业一定时期内生产耗费与营业成果的关系，其计算公式如下：

营业成本营业收入成本率＝营业成本/营业收入×100%

成本费用利润率是利润总额与成本费用总额的比率，反映企业一定时期内财务成果与生产耗费的关系，其计算公式如下：

成本费用利润率＝利润总额/成本费用总额×100%

值得注意的是，不同企业或者同一企业的不同时期，由于生产规模不同，指标很可能不具有可比性，如利润指标。采用相关指标比率分析方法，如采用营业收入成本率或成本费用利润率，就可以剔除企业生产规模不同的影响。

2. 构成比率分析

构成比率分析又称结构比率分析，主要是计算某项指标的各个组成部分在总体中所占的比重，即部分与总体的比率，进行数量分析构成内容的变化，以便进一步掌握企业经营活动的特点和变化趋势。通过计算与分析，了解这些构成变化与技术改造经营管理之间的相互关系，从而确定管理的重点。成本分析中有关构成比率的计算公式如下：

直接材料费用比率＝直接材料数额/产品成本总额×100%

直接人工比率＝职工薪酬数额/产品成本总额×100%

制造费用比率＝制造费用数额/产品成本总额×100%

3. 动态比率分析

动态比率分析又称趋势比率分析，是指对某项经济指标不同时期数值进行对比，求出比率，以揭示该项成本指标发展方向和增减速度，观察变化趋势的一种分析方法。动态比率分析的计算方法主要有两种：一是环比比率，当期数据与前期数据之比，即今年第 n 月的数据与今年第（n−1）月的数据相比。环比比率表明了成本数据在连续的会计期间内的变化情况。二是同比比率，即今年第 n 月的数据与去年第 n 月的数据相比。同比比率主要是为了消除季节变动的影响，用以说明本期成本水平与去年同期的成本水平对比而产生的变化。公式为：

环比比率＝当期实际数/上期实际数

同比比率＝当期实际数/去年本期实际数

通过比率计算，企业外部或内部决策者在选择决策方案时可以较方便地进行比较分析，但也存在不足，指标比率只反映比值，不能说明其绝对数额的变动，也无法说明指标变动的具体原因，具有局限性。

（二）差异分析法

差异分析法是成本分析最主要的方法。它能克服上述比率分析法的不足，能计算出实际成本距离目标（预算）的差距，并能找出差异发生的原因。差异分析就是把当期生产经营中所发生的实际成本与预算进行比较，通过计算实际成本和预算之间的差异额，找出产生差异的原因，用以改善成本管理。差异分析法得出的结果与预算本身的质量密切相关，如果预算保守或冒进，就需要根据市场环境的变化实时修正预算。

有关差异分析的方法，在此详述连环替代找差异法。连环替代找差异法是根据成本计算公式中各个因素之间的内在依存关系，依次测定各因素变动对差异数额影响的一种分析方法。运用此方法可以测算各因素对差异的影响程度，有利于查明差异发生的原因，分清责任，并能针对差异发生的原因采取相应的措施。具体步骤如下：

（1）将成本计算对象的计算公式分解，并将因素排序。例如，材料费用可根据其计算公式中各个因素之间的关系分解为：

材料费用 = 产品产量 × 单位产品材料费用

　　　　 = 产品产量 × 单位产品材料消耗量 × 材料单价

（2）确定实际数和预算数的差异总额。仍以材料费用为例：

预算材料费用 = 预算产品产量 × 预算材料单耗 × 预算材料单价

实际材料费用 = 实际产品产量 × 实际材料单耗 × 实际材料单价

材料费用差异金额 = 实际材料费用 − 预算材料费用

（3）逐次用实际数替换其预算数。每次替换后实际数就被保留下来，有几个因素就替换几次，直到所有因素都变成实际数为止，每次替换后都求出新的计算结果。

（4）将每次替换后的所得结果，与前一次计算结果相比较，二者之差就是该因素的变动对成本计算对象（如材料费用）的影响程度。

（5）检验分析结果。将每次替换后得出的差额相加，其代数和应该等于成本分析对象的实际数与预算数的差异总额。如果两者相等，说明分析结果可能是正确的；如果两者不相等，则说明分析过程中出现了错误。

连环替代找差异法的典型模式可以用简单的数学公式表示。

假设某项指标 N 是由相互联系的 A、B、C 三个因素组成，各因素指标之间的关系是：

N = A × B × C

预算：$N_0 = A_0 × B_0 × C_0$

实际：$N_1 = A_1 × B_1 × C_1$

成本总差异：$X = N_1 - N_0$

要测定 A、B、C 三因素变动对 N 的营销，即可采用连环替代来进行分析：

预算：$N_0 = A_0 × B_0 × C_0$　　　　　　　　　　　　　　　　　　（10 – 1）

置换 A 元素：$NA = A_1 × B_0 × C_0$　　　　　　　　　　　　　　　（10 – 2）

置换 B 元素：$NB = A_1 × B_1 × C_0$　　　　　　　　　　　　　　　（10 – 3）

置换 C 元素：$NC = A_1 × B_1 × C_1$　　　　　　　　　　　　　　　（10 – 4）

式（10 – 2）－式（10 – 1）即为 A 因素变动对 N 指标的影响；

式（10 – 3）－式（10 – 2）即为 B 因素变动对 N 指标的影响；

式（10 – 4）－式（10 – 3）即为 C 因素变动对 N 指标的影响。

【例 10 – 1】假设某企业有关产量、材料单耗、单价及材料总成本资料如表 10 – 7 所示。

表 10 – 7　有关产量、材料单耗、单价及材料总成本资料

项目	单位	本年预算数	本年实际数	差异
产品耗量	件	10 000	12 000	2 000
材料单耗	千克	10	8	– 2
材料单价	元	10	12	2
总成本	元	1 000 000	1 152 000	152 000

使用连环替代找差异法进行差异分析：

第一步：将成本计算对象的计算公式分解，并将因素排序。

材料费用 = 产品产量材料单耗 × 材料单价

第二步：确定实际数和预算数的差异总额。

材料总成本差异 = 1 152 000 – 1 000 000 = 152 000（元）

第三步：逐次用实际数替换预算数。

本年预算总成本 = 10 000 × 10 × 10 = 1 000 000（元）　　　　　　　①

第一次替换：12 000 × 10 × 10 = 1 200 000（元）　　　　　　　　　②

第二次替换：12 000 × 8 × 10 = 960 000（元）　　　　　　　　　　③

第三次替换：12 000 × 8 × 12 = 1 152 000（元）　　　　　　　　　④

第四步：将每次替换后的所得结果与前一次计算结果相比较，两者之差就是该因素的变动对成本计算对象的影响程度。

产品产量增加使材料总成本增加：

② − ① = 1 200 000 − 1 000 000 = −200 000 （元）

或（12 000 − 10 000）× 10 × 10 = 200 000 （元）

材料单耗节约使材料总成本节约：

③ − ② = 960 000 − 1 200 000 = −240 000 （元）

或 12 000 ×（8 − 10）× 10 = −240 000 （元）

材料单价上升使材料总成本增加：

④ − ③ = 1 152 000 − 960 000 = 192000 （元）

或 12 000 × 8 ×（12 − 10）= 192 000 （元）

第五步：检验分析结果。将每次替换后得出的差额相加，其代数和应该等于成本分析对象的实际数与预算数的差异总额。

因产品产量、材料单耗和材料单价三个因素变化对材料总成本影响为：

200 000 − 240 000 + 192 000 = 152 000 （元）

此结果正好与材料费用差异的总额相等，表明分析无误。

连环替代找差异法在应用的过程中必须注意一点：成本计算对象公式中各个因素的替换必须按照顺序进行，具有连环性。必须按照各个因素排列的顺序逐次替换。除第一次替换外，每个因素的替换都是在前一个因素替换的基础上进行的。只有保持这一连环性，才能使差异的计算准确无误。

其实，连环替代找差异法与标准成本差异分析在本质上是一样的。它们的共同点如下：

第一，标准成本是预算的分支。这是国际上众多成本会计研究所公认的结论。当企业根据每年编制预算中所积累的经验，将预算标准化，用作企业生产经营活动中所发生的成本的参照标准时，预算成本就变成了标准成本。

第二，两者都是差异分析。两者都计算了实际数和预算数之间的差异。

第三，两者都是通过将成本计算对象的计算过程分解，来寻找差异并发生的原因。

三、成本分析实例

（一）全部产品的成本分析

分析企业全部产品的成本，可以按产品品种或按成本项目来进行分析。

1. 按产品品种分析产品成本的预算完成情况

按产品品种分析产品成本的预算完成情况时，应通过按产品品种反映的成本报表来进行分析，对本期实际成本与预算进行对比分析。分析时，应根据表中所列产品的本月实际总成本和本年累计实际总成本，分别与其本月预算总成本和本年累计预算总成本进行比较，确定全部产品和各种主要产品的实际成本与预算成本的差异，了解企业成本预算的执行情况。

本期预算完成率＝本期实际教÷本期预算数×100%

2. 按成本项目分析产品成本的预算完成情况

按成本项目分析产品成本的预算完成情况时可以根据按成本项目编制的产品成本报表（见表12-1）中的数字来进行。该表是12月编制的，因而其本年累计实际数、本年预算数都是整个年度的生产成本，可以就实际成本与预算进行对比，揭示差异，以便查明原因。

（二）单位成本的分析

单位成本是影响全部产品成本变动的重要因素，为实施全部产品的成本管理，必须首先重视单位成本分析。单位成本分析能找出影响单位成本变动的原因，主要通过实际和预算的对比进行分析。

1. 单位成本的预算完成情况分析

单位成本的预算完成情况分析，个仅要按成本项日逐项对比实际数与预算数，而且还应该列示直接材料和人工的实际数与预算数的对比。

【例10-2】甲公司生产的主要产品X牌X型号羽绒服单位成本分析资料如表10-8所示。

表10-8 主要产品单位成本分析表

编制单位：甲公司　　　　　　　　　　201×年度　　　　　　　　单位：万元

成本项目	预算数		实际数		预算差异		差异占有率（%）
直接材料	200		199		-1		-0.5
直接人工	50		55		5		10
制造费用	75		76		1		1
小计	325		330		5		10.5
直接材料和人工的耗费	数量	金额	数量	金额	数量	金额	
灰鸭绒（克）	130	260	125	250	-5	-10	

直接材料和人工的耗费	数量	金额	数量	金额	数量	金额
白鸭绒（可）	（略）		（略）			
面料（米）						
外购件						
其他材料						
工时						

在预算差异分析时应当注意以下三个方面：第一，每个成本项目均需进行预算差异分析，不可缺少。预算差异等于本年（月）实际数减去本年（月）预算数。计算结果为正表示不利差异，结果为负表示有利差异。第二，预算差异可以分解为价格差异和耗费差异（消耗量的差异）。因为价格差异是由于市场价格的变动造成的，属于外来因素，企业无法控制价格的变动，所以企业在计算出价格变动差异和耗费差异的结果后，一般把成本管理的重点放在耗费差异上，因为耗费差异是企业消耗量的大小造成的，企业是可以控制的。第三，在分析时，企业应尽可能把预算差异分解成两个二级差异，即价格差异和耗费差异，这样能分析得更具体，企业能更好地把握成本管理的重点。

2. 单位成本变动的原因分析

（1）直接材料成本。如果企业生产的产品只耗用一种材料，或虽耗用几种材料，但它们之间不存在配比关系时，对单位材料成本的变动情况，应结合单位产品材料消耗量（简称单耗）和材料单价两个因素的变动情况进行深入分析，此种分析方法也称两因素分析法；如果一种产品耗用几种材料，并且在各种材料之间存在配比关系时，除了分析单耗和材料单价两个因素变动外，还应分析材料配比因素变动的影响，也称三因素分析法。

【例10－3】甲公司生产的某产品2012年12月直接材料预算与实际费用资料如表10－9所示。

表10－9　直接材料预算与实际费用对比

编制单位：甲公司　　　　　　　　2012年12月

项目	材料消耗量（千克）	材料价格（元/千克）	直接材料费用（元）
预算	50	30	1500
实际	45	32	1440
直接材料成本的预算差异	－5（有利差异）	2（不利差异）	－60（有利差异）

直接材料成本的预算差异等于实际数额减去预算数额，结果为正表示不利差异，结果为负表示有利差异。单位产品成本中的直接材料费用是材料消耗数量与材料价格的乘积，其影响因素不外乎材料耗费数量差异和材料价格差异两个方面。从表 10-9 中可以看出，该种产品单位成本中的直接材料费用本月实际比预算节约 60 元，属于有利差异。至于是由于材料消耗量引起的还是由材料价格引起的，或是两因素同时引起的，可以进一步分解预算差异得之。

材料消耗量变动引起的材料耗费差异 $= (45-50) \times 30 = -150$（元），是有利差异。

材料价格变动引起的价格差异 $= (32-30) \times 45 = 90$（元），是不利差异。

两个差异的总和构成预算差异 $= -150 + 90 = -60$（元），是有利差异。

通过以上计算可以看出，该种产品单位成本中的直接材料实际比预算节约 60 元的原因是：由于单位产品的消耗量降低了，使直接材料成本节约了 150 元；但由于材料价格的上涨，使直接材料成本超支了 90 元。两者相抵后，单位产品成本中直接材料费用节约了 60 元。这样，把直接材料成本的差异分解成了两个二级差异，即材料耗费差异和价格差异。通过这样的差异分解，我们就可以很清楚地看出，直接材料成本总体显示出有利差异，这主要归功于企业在材料耗费上做得很好，材料的浪费少、利用率高，导致耗费差异是有利差异。然而，价格差异显示不利差异，告诉我们市场上材料价格上涨较快，而价格的上涨是企业所不能控制的。价格差异出现不利差异表示，目前的价格预算太低，已经脱离了市场实际，企业应该调高价格预算。

（2）直接人工成本。企业单位产品的直接人工成本按照下列公式计算得出：

单位产品的直接人工成本 = 单位产品耗费的工时数 × 单位工时的工资

因此，直接人工成本由单位产品的人工成本和产量决定。

【例 10-4】甲公司一车间生产 A 产品，2012 年 12 月的工资资料如表 10-10 所示。

表 10-10　A 产品的工资资料

编制单位：甲公司　　　　　　　　　　　2012 年 12 月

项目	预算	实际	差异
单位产品耗费的工时（小时）	500	600	+100 不利差异
单位工时的人工成本（元）	28.7	26	-2.7 有利差异
单位产品需支付的工资（元）	14 350	15 600	+1250 不利差异

从表 10 - 10 可以看出，12 月企业为单位 A 产品需要支付工资的实际数比预算增加了 1250 元，属于不利差异。企业当然需要分析不利差异产生的原因。我们将单位产品 A 需支付的人工成本的差异进行分解，可以得到两个二级差异，即由于单位产品耗费的工时变动而造成的效率差异和由于单位工时的人工成本变动而造成的价格差异。可以做如下分析：

其一，单位产品耗费的工时变动而造成的效率差异 = 600 × 26 - 500 × 26 = 2 600（元），是不利差异。

其二，单位工时的人工成本变动而造成的价格差异 =（26 - 28.7）× 500 = 1 350（元），是有利差异。

其三，两个差异总和构成了单位产品的人工成本差异 = 2 600 - 1 350 = 1 250（元），是不利差异。

通过以上计算可以看出，在该种产品单位人工成本中，生产单位产品需要耗费的实际工时数比预算多花了 100 小时，导致企业产生了 2 600 元的不利差异。另外，每工时企业支付给工人的工资比预算少了 2.7 元/小时，导致有利差异 1 350元的产生。两者相抵后，每单位产品的人工成本需要多支付 1250 元，最终得到了不利差异。这样，我们就把直接人工成本的差异分解成了两个二级差异，即效率差异和价格差异。于是，企业的管理者就很清楚地明白了直接人工成本过高的原因，即由于工作效率差导致，那么对症下药，如果提高生产效率就是控制直接人工成本的关键。这时，企业管理者可以转而采用计件制工资制度等一系列方法来提高生产效率。

（3）制造费用。产品的制造费用由下列公式计算得出：

单位产品的制造费用 = 单位产品的生产工时 × 制造费用分配率

因此，单位产品的制造费用取决于单位产品工时和制造费用分配率（每工时应该分配的制造费用）这两个因素。企业生产单位产品需要花费多少工时，我们称为效率。而制造费用分配率的大小，受制造费用总金额变动的影响。一般来说，随着生产效率的提高、产量的增长，制造费用中的变动部分会相应地有所增长，而固定部分基本不变，分配率就会增大。

【例 10 - 5】甲企业生产 B 产品，2012 年有关资料如表 10 - 11 所示。

从表 10 - 11 可以看出，B 产品的单位产品制造费用实际比预算节约 6.15（44.02 - 50.17）元，属于有利差异。那么为什么会产生这个有利差异呢？我们将单位产品 B 的制造费用差异进行分解，可以得到两个二级差异，即由于单位产品耗费的生产工时变动而造成的效率差异和由于制造费用分配率变动而造成的价格差异。可以做如下分析：

表 10 – 11 B 产品的制造费用计算表

编制企业：甲企业 2012 年 12 月

项目	预算	实际	差异
产量（个）	400	500	100
总工时（小时）	15 320	15 500	180
单位产品工时（小时）	38.3	31	− 7.3
制造费用总额（元）	20 000	22 000	2 000
制造费用分配率（元/小时）	1.31	1.42	0.11
单位产品的制造费用（元）	50.17	44.02	− 6.15

其一，由于单位产品耗费的生产工时变动而造成的效率差异 = (31 − 38.30) × 1.31 = − 9.56（元），是有利差异。

其二，由于制造费用分配率变动而造成的价格差异 = 31 × (1.42 − 1.31) = 3.41（元），是不利差异。

其三，两个差异总和构成了单位产品的制造费用差异 = − 9.56 + 3.41 = − 6.15（元），是有利差异。

通过以上计算可以看出，产品 B 的单位制造费用中，生产单位产品需要耗费的实际工时数比预算少了 7.30 小时，使企业产生了 9.56 元的有利差异。另外，每工时的制造费用分配率比预算多了 0.11 元/小时，导致不利差异 3.41 元的产生。两者相抵后，每单位产品的制造费用节约了 6.15 元，最终得到有利差异。这样，我们就把制造费用的差异分解成了两个二级差异，即效率差异和价格差异。通过这样的差异分解，我们就可以很明白地看出，制造费用总体显示出有利差异，这主要是因为生产工人在生产每个 B 产品时都少花了 7.3 小时所致。虽然制造费用的分配率增大了，但最终还是节约了单位产品制造费用。

（三）期间费用的分析

销售费用、管理费用和财务费用作为期间费用，直接计入当期损益。这些费用支出的节约或浪费，往往与企业的行政管理部门有关责任制度的贯彻执行密切相关。

对于上述各种费用进行分析，以本年实际数与本年预算数相比较，确定实际脱离预算的差异大小，并确定该差异是有利差异还是不利差异，然后分析差异的原因。由于期间费用的分析较为简单，这里就不举例了。

总而言之，企业在分析差异时，不能用其中一些费用项目的有利差异来抵补其他费用项目的不利差异。这种做法会使好不容易分析清楚的差异原因重新被掩盖，致使企业管理者无法追究差异产生的原因，就更谈不上采取措施改善经营了。

第三节　成本报表与成本分析的作用

综上所述，成本报表和成本分析是企业内部管理的重要手段，对加强成本管理提高经济效益有重要的作用。具体可以归纳为以下三点。

第一，有助于提高企业的成本管理水平。通过对成本报表进行比率分析，可以揭示实际成本和费用支出的水平是否合理。通过对成本报表进行差异分析，可以帮助管理者发现不利差异，寻找不利差异发生的原因，以便从设计研发、生产组织、市场营销和售后服务等企业价值链的各个环节寻找原因，促使企业的各个环节降低成本。

第二，有助于改进预算和经营决策。正如我们在第七章所述，企业在制定运营预算时必须明确预算目标。这个目标是建立在该年度的实际成本基础之上，结合预算的实际执行情况，考虑年度中可能存在的市场和经济环境的变动来制定新年度的预算。所以说，本期成本报表所提供的资料是制定下期预算的重要参考。同时，管理部门也可根据成本报表提供的会计信息辅助进行诸如产品定价、零部件内制还是外发产品混合、关停并转部门或子公司、企业并购等各个方面的经营决策。

第三，有助于对部门或员工的业绩考核和评价。可以通过对成本报表中的数据进行比率分析，将结果用于业绩考核和评价。还可通过将成本报表的实际成本金额与预算进行比较进行差异分析，将结果用于考核和评价各级部门的预算执行情况。差异分析能用于业绩考核和评价的原理，其实与预算用于业绩考核的原理一致。上述两种方法既可用作企业高管对各层级都门的考核，也可用作上级主管机构对企业的考核。

企业应该综合使用成本报表和成本分析的方法，使成本管理落到实处。

本章小结

本章主要讲述了全部产品成本报表、主要产品成本报表、制造费用明细表、期间费用报表等成本报表的编制及分析。成本分析是在成本核算的基础上，对成本报表中列示的各项费用，成本进行分析。具体来讲就是将各项费用、成本与预算进行比较，确定差异，并分析差异产生的原因，以便采取措施，进一步降低成本。成本分析的方法主要有比率分析法和差异分析法两种。成本分析的主要内容有全部产品的分析和主要产品的成本分析。

练习题

2008 年全球金融危机之前，星巴克咖啡的业绩持续增长。不知从何时开始，无论是在西雅图，抑或是在新加坡，还是在上海的街头，年轻人拿着一杯星巴克咖啡边走边喝悄然成为一种时尚。然而，2008 年全球金融危机爆发，在西方国家经济陷入不景气之时，星巴克也面临着前所未有的销售不振的挑战。于是，星巴克咖啡对其现有产品的成本报表进行了详细的成本分析，主要运用了预算差异分析的方法。通过成本分析，星巴克发现牛奶成本约占产品价格的 10%，而人工成本约占 24%。于是，星巴克用仅含 2% 脂肪的低脂牛奶替代正在使用的全脂牛奶，这样既降低了成本又通过宣传其低脂更健康的咖啡产品而提高了销量。另外，星巴克通过重新设计咖啡制作流程，减少了在店面的咖啡制作时间，从而减少了员工的雇用数量，降低了人工成本。可见，成本报表和成本分析是星巴克熬过经济萧条期、成功保持利润率的有效工具。

假设你是星巴克上海的一家门店的经理，鉴于上海市场的快速发展，总部向你下达了前所未有的高利润目标，请简述你打算如何实现这一目标？将如何运用成本会计信息来达成目标？

第十一章
标准成本法

学习目标

1. 了解标准成本的内容。

2. 掌握标准成本法的程序以及直接材料的价格差异与数量差异和直接人工的工资率差异与效率差异的区别与计算。

3. 理解并计算变动制造费用和固定制造费用的差异。

4. 能熟练地应用标准成本法的基本原理解决企业的成本控制，并能依据企业不同环境选择适合企业的成本控制方法。

第一节 标准成本法的基本知识

一、标准成本法的内容

标准成本是运用技术测定等科学方法制定的，在有效经营条件下应该实现的成本，是根据产品的耗费标准和耗费的标准价格预先计算的产品成本。

标准成本法也称标准成本会计，是成本会计的重要组成部分。它是指以预先制定的标准成本为基础，用标准成本与实际成本进行比较，来核算和分析成本差异的一种产品成本计算方法，也是加强成本控制、评价经济业绩的一种成本控制制度。标准成本法的核心是按标准成本记录和反映产品成本的形成过程和结果，并借以实现对成本的控制。其基本程序如下：制定单位产品各成本项目的标准成本。

根据实际产量和成本标准计算产品的标准成本。

按标准成本进行产品成本核算。"生产成本""库存商品"等科目的借贷方都按标准成本记账。

汇总计算实际成本。

计算各成本项目实际成本与标准成本的各种成本差异，并设立各种成本差异科目进行归集，以便用来控制和考核产品成本。在各个成本差异科目中，借方登记超支差异，贷方登记节约差异。

计算、分析各种成本差异，每期末根据各成本差异科目的借贷方余额编制成本差异汇总表，将各种成本差异余额计入当期损益。

向成本负责人提供成本控制报告。

由此可见，标准成本法的主要内容包括标准成本的制定、成本差异的计算和分析、成本差异的账务处理。其中标准成本的制定是采用标准成本法的前提和关键，据此可以达到成本事前控制的目的；成本差异的计算和分析是标准成本法的重点，借此可以促成成本控制目标的实现并据以进行经济业绩考评。

"标准成本"一词在实际工作中有两种含义，具体如下：

一种是指单位产品标准成本，它是根据单位产品的标准消耗量和标准单价计算出来的，一般称为"成本标准"。

成本标准 - 单位产品标准成本 = 单位产品标准消耗量 × 标准单价

另一种是指实际产量的标准成本，是根据产品实际产量和单位产品标准成本计算出来的。

标准成本 = 产品实际产量 × 单位产品标准成本

二、标准成本制度的作用及其实施

（一）标准成本制度的作用

1. 有利于加强职工的成本意识

由于在标准成本会计制度下，要对各项标准成本指标进行分解，下达到各个部门及每个员工，形成人人关心成本核算和成本控制的良好氛围，可激励员工通过自己的工作，努力达到标准成本的目标。

2. 有利于成本控制

成本控制分为事前、事中、事后控制三个环节。事前的成本控制，可以制定出相应的标准成本对各种资源消耗和各项费用开支规定数量界限，可以事前限制各种消耗和费用的发生；事中的成本控制，及时揭示实际成本与标准成本的差异，采取措施对成本核算工作加以改进，纠正不利差异，从而达到既定的成本控制目标；事后的成本控制，即通过成本分析总结经验，找出差异，提出进一步改进的措施。

3. 有利于价格决策

标准成本能提供及时、一致的成本信息，消除经营管理工作中由于低效率或浪费以及偶然因素对成本的影响，避免由于实际成本波动而造成价格波动的后果。以标准成本作为定价的基础更加接近实际情况，并能满足竞争时市场对定价的要求。

4. 有利于简化会计核算工作

在标准成本制度下，在产品、产成品和销售成本均按标准成本计价，这样可以减少成本核算的工作量，简化日常会计核算工作。

5. 有利于正确评价成本控制的业绩

在实际成本会计制度下，通过本期的实际成本与上一期的同一产品的实际成本相比较，以评估成本超降情况。在标准成本制度下，以标准成本作为评估业绩的标准，由于标准成本通常是指在正常生产条件下制造产品应达到的成本水平，因此，以本期实际成本与标准成本相比较，就能正确评价企业的工作质量。此外，在实行责任会计的制度下，各成本中心之间的半成品内部转移价的确定，也以标准成本或在标准成本基础上加一定比例的内部利润为依据。这样可以避免各成本中心的责任成本受外界因素的影响，从而有利于正确评价其工作业绩。

（二）实施标准成本制度的步骤

实施标准成本制度应包括以下几个步骤：制定标准成本、计算标准成本差异、计算实际成本、计算实际产量的标准成本（实际产量×单位标准成本）、标准成本及差异的账务处理。

（三）实施标准成本的前提条件

1. 要完善各项成本管理的基础工作

在制定标准成本时，需较多的资料，这些资料的取得在管理工作搞得较好的企业才能实现。

2. 要健全管理组织

实施标准成本制度，需要做的工作很多，只有得到组织保证，各项工作才能有效地开展起来。

3. 要树立成本意识

实施标准成本制度，涉及企业的全体人员。无论是普通职工还是管理者，都应对成本控制问题重视起来。只有这样才能使标准成本制度得以顺利开展。

三、成本标准的类型

产品标准成本的制定是实施标准成本制度的起点和成本控制的基础，要制定产品标准成本，以标准成本为依据进行成本控制，首先必须有明确的成本标准。

关于成本标准，通常有以下几种类型：

（一）按制定标准成本使用时间长短分类

1. 基本标准成本

基本标准成本也称固定标准成本，它是指一经企业制定后，只要生产基本条件变化不大，一般不予变动的一种标准成本，这样可以使以后各期成本在同一基础上进行比较，以观察成本变动的趋势。但企业生产的基本条件经常会发生变化，因而，一成不变地采用基本标准成本，就不能有效发挥成本控制的作用。

2. 现行标准成本

现行标准成本是根据企业当前生产基本条件确定的标准成本，并且随着企业生产条件的变化，现行成本标准将随之变动。通常每年制定一次现行标准成本，反映了生产条件的变动对标准成本的影响，便于企业及时对标准成本差异进行分析和考核。

（二）按标准成本水平分类

1. 理想标准成本

理想标准成本是指企业在最有效的生产经营条件下所达到的成本。这时企业的全部劳动要素都应达到最佳使用状态，不允许有一点浪费。但这种情况往往很难达到，所以将理想标准成本作为短期努力目标很不现实，只能作为考核时的参考指标。

2. 正常标准成本

正常标准成本是指在合理工作效率、正常生产能力和有效经营条件下所能达到的成本。这种成本的实现既非轻易可以达到，又是经过生产者的努力可以完成的。因此，它有助于提高工作效率、有效控制成本。

理想标准成本是资源无浪费、设备无故障、产出无废品、工时全有效的情况下的成本，不太现实；正常标准成本考虑了现实中尚不能完全避免的设备故障、人工闲置等无效率状况，是较合理的标准成本。

在一般情况下，标准成本必须既先进又切实可行。如果确定的标准成本可以轻易地达到，那么成本控制就失去了意义；反之，如果标准制定得过高，从而难以完成，生产人员就会把标准看作高不可攀，以致失去信心。至于标准成本多长时间制定一次，应根据企业实际情况来分析。如果修订频繁，既花费人力又不利于评价企业内部各成本核算单位的工作成绩。不过，假若多年修订一次，由于产品生产技术、工作效率和经营条件不断变化，这种标准成本便成为原则。从标准成本制定依据的资料看，预期的成本比历史的成本更过时，以致不能有效地发挥成本控制的作用。所以，标准成本应当以每年修订一次为原则。从标准成本制定依据的资料看，预期的成本比历史的成本更有现实意义。

四、标准成本制定方法及制定

（一）标准成本制定方法

1. 工程技术测算法

工程技术测算法是根据一个企业的机器设备、生产技术的先进程度，对产品生产过程中的投入产出比例进行估计而计算出的标准成本。这是因为产品成本的高低同机器设备的先进程度，以及先进生产工艺的应用密切相关，先进的机器设备能提高产品的成品率、降低人工费用。

2. 预测法

实际上，企业在生产过程中许多因素都会随着时间的变化而不断变化，如机器设备的更新、生产工艺的改进、工人技能和工资水平的提高；此外，市场物价水平和汇率的变化都会影响企业的成本水平。因此，在制定产品标准成本时，仅依据历史成本，考虑当前的生产条件是不够的，还应适当考虑未来企业内外因素的变化对标准成本的影响，这就是所谓的预测法。

3. 期望法

作为标准成本，应能够从某种程度上反映企业管理层对成本耗费的期望，这种期望是可以通过引进先进设备、提高技术水平或加强企业管理来实现的较高要求。例如，企业为了学习国内外先进企业的成功经验，常常以这些企业的成本水平作为自己的标准成本进行考核，但要注意的是，这种方法包含着一种主观理想的因素，在具体使用时，必须与以上几种方法配合使用，才能制定出先进而又可行的标准成本。

制定标准成本的方法很多，在实际工作中，一个产品的单位标准成本往往是利用两种或两种以上方法结合起来计算的。

企业通常通过多条途径来决定经营活动的适当标准。这些途径有历史数据分析、作业分析、其他同类企业标准（标杆）。管理者在制定成本标准时，常综合应用历史数据分析、作业分析以及标杆等。

尽管历史数据在制定成本标准时具有相关性，但管理者必须警惕不能依赖历史数据，因为历史数据往往已经过时。作业分析会提供确定标准的精确资料，但作业分析比较耗时，且花费各项费用较高。标杆的优点在于企业可以同类企业的最好业绩作为标准，使用这样的标准，有助于企业在当今全球竞争中保持较强竞争力。当然，企业应注意其他企业的标准可能不完全适用于本企业的特定经营环境。

（二）标准成本各成本项目的制定

标准成本制度由于是在标准成本的基础上计算产品成本的，因此，制定产品的标准成本，是进行标准成本计算和进行成本控制、分析的基础。在一般情况下，标准成本可以按零件、部件和各生产阶段成本项目制定，即分别按直接材料、直接人工和制造费用制定。对于其中的制造费用，还可分为变动费用和固定费用两类。在零部件较少的情况下，可以先制定零件的标准成本，在此基础上制定部件和产品的标准成本；在零部件较多的情况下，可以不制定零件的标准成本，而先制定部件的标准成本，再制定产品的标准成本，或直接制定产品的标准成本。

1. 直接材料标准成本的制定

直接材料的标准成本是根据产品或零部件对某种材料的标准耗用量和材料的标准单价计算的，其计算公式如下：

直接材料标准成本＝产品或零部件对某种材料的标准耗用量×该种材料标准

单价

其中，产品或零部件对某种材料的标准耗用量可从工程技术部门提供的制造单位产品所需要的各种原材料消耗量取得，材料的标准单价可由供应部门提供。

将产品的零部件耗用各种材料的标准成本相加，即可计算出产品的直接材料标准成本。

2. 直接人工标准成本的制定

直接人工的标准成本是根据产品或零部件单位产品的标准工时和小时标准工资率计算的，其计算公式如下：

直接人工标准成本 = 产品或零部件单位产品的标准工时 × 小时标准工资率

其中，标准工时应按加工工序来制定，制定标准工时应考虑直接加工工时和工人必要的间歇和停工时间等，单位产品消耗的各工序标准工时由技术部门和生产部门提供；小时标准工资率一般采用预算工资率，一般由人力资源部门提供。

将产品各种零部件的直接人工标准成本相加，即可计算出产品的直接人工标准成本。

3. 制造费用标准成本的制定

制造费用一般是按责任部门编制制造费用预算的形式进行的，并且分固定制造费用和变动制造费用，其中变动制造费用一般应按不同的生产量来计算，以适应数量的变动。

固定（或变动）制造费用的标准成本是根据产品或零部件单位产品的标准工时和固定（或变动）制造费用标准分配率计算的，其计算公式如下：

固定（或变动）制造费用标准成本 = 产品或零部件单位产品的标准工时 × 固定（或变动）制造费用标准分配率

其中，固定制造费用标准分配率和变动制造费用标准分配率的计算公式如下：

固定制造费用标准分配率 = 固定制造费用预算总额 ÷ 标准总工时

变动制造费用标准分配率 = 变动制造费用预算总额 ÷ 标准总工时

其中，工时标准的含义与直接人工工时标准相同。

将产品各种零部件的固定（或变动）制造费用标准成本相加，即可计算出产品的制造费用标准成本。

【例 11-1】某企业生产甲产品，直接耗用两种材料：A 材料的标准消耗量为 100 千克，标准单价为 3.50 元；B 材料的标准消耗量为 210 千克，标准单价为 2.40 元。甲产品的单位标准工时为 500 小时，其中第一工序 300 小时，第二工序

200 小时；小时标准工资率第一工序为 8 元，第二工序为 9 元；小时固定制造费用率第一工序为 6 元，第二工序为 4 元；变动制造费用率第一工序为 7 元，第二工序为 8.2 元。

根据上述资料，计算甲产品的单位标准成本如下：

直接材料标准成本 = $100 \times 3.50 + 210 \times 2.40 = 854$（元）

直接人工标准成本 = $300 \times 8 + 200 \times 9 = 4\ 200$（元）

变动制造费用标准成本 = $300 \times 7 + 200 \times 8.2 = 3\ 740$（元）

固定制造费用标准成本 = $300 \times 6 + 200 \times 4 = 2\ 600$（元）

根据上述计算结果编制的甲产品单位产品标准成本如表 11 - 1 所示。

表 11 - 1 单位产品标准成本表　　　　　　单位：元

	原料名称	单位	数量	标准单价	工序 1	工序 2	合计		工时（小时）	标准工资率	工序 1	工序 2	合计
直接材料	A 材料	千克	100	3.50	—		350	直接人工	300	8	2 400	1 800	2 400
	B 材料		210	2.40			504		200	9			1 800
	直接材料成本合计				—		854		直接人工成本合计		2 400	1 800	4 200

	标准工时（小时）	标准分配率	工序 1	工序 2	合计		工时（小时）	标准分配率	工序 1	工序 2	合计
变动制造费用	300	7	2 100	1 640	2 100	固定制造费用	300	6	1 800	800	1 800
	200	8.2			1 640		200	4			800
	变动制造费用合计		2 100	1 640	3 740		固定制造费用合计		1 800	800	2 600

制造费用合计	6 340
每一单位产品标准成本合计	11 394

第二节　标准成本差异的计算和分析

一、成本差异的种类

成本差异包括预算成本差异和标准成本差异。预算成本差异和标准成本差异具有相同的原理，因此本节以标准成本差异为例来介绍成本差异的计算和分析方法。如果将下述公式中的"标准成本"换作"预算成本"那么就是"预算成本差异"的概念了。预算成本差异，是指实际成本脱离预算成本的差异，即实际成本与预算成本之间的差额。

标准成本差异是指实际成本脱离标准成本的差异，即实际成本与标准成本之间的差额。计算和分析成本差异的目的在于明确差异的程度，找出差异发生的原因，并决定采取纠正差异的措施和确定责任的归属。

成本差异按照成本项目分类，可以分为直接材料成本差异、直接人工成本差异和制造费用成本差异等。成本差异可以归结为价格脱离标准造成的价格差异与用量脱离标准造成的用量差异两类。

标准成本差异 = 实际成本 - 标准成本
　　　　　 = 实际用量 × 实际价格 - 标准用量 × 标准价格
　　　　　 = 实际用量 × 实际价格 - 实际用量 × 标准价格 + 实际用量 ×
　　　　　 　标准价格 - 标准用量 × 标准价格
　　　　　 = 实际用量 × (实际价格 - 标准价格) +
　　　　　 　(实际用量 - 标准用量) × 标准价格
　　　　　 = 价格差异 + 用量差异

现列示成本差异分类如图 11 - 1 所示。

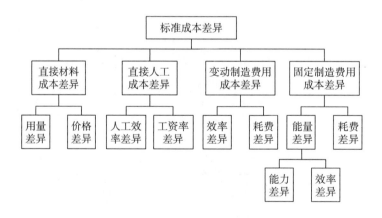

图 11 -1　成本差异分类

二、直接材料成本差异的计算和分析

直接材料成本差异是指直接材料实际成本与其标准成本的差异，它由直接材料用量差异和直接材料价格差异两部分组成。

（一）直接材料用量差异

直接材料用量差异是指由于直接材料实际用量与其标准用量的差异而导致的直接材料成本差异。其计算公式为：

直接材料用量差异＝（材料实际用量－材料标准用量）×材料标准价格

直接材料用量差异的形成原因是多方面的，有生产部门的原因，也有非生产部门的原因。用料的责任心强弱、技术技艺状况、废品废料率的高低、设备工艺状况等，是直接材料用量差异的主要原因；材料质量状况、材料规格的适应程度等，也会导致直接材料用量差异。正因为如此，直接材料用量差异的责任需要通过具体分析方能明确，但其主要责任部门往往是生产部门。

［注意］影响直接材料用量差异的因素包括：生产技术上的产品设计变更、制造方法改变、机器设备性能、材料本身问题、工人操作和技术水平、加工搬运中损坏等。

（二）直接材料价格差异

直接材料价格是指由于直接材料实际价格与其标准价格的差异而导致的直接材料成本差异。其计算公式为：

直接材料价格差异＝（材料实际价格－材料标准价格）×材料实际用量

直接材料价格差异是直接材料成本差异中不应由生产部门负责的成本差异。计算和分析直接材料价格差异，可以区分不同部门的责任。

直接材料价格差异的形成原因较为复杂，既有主观原因，也有客观原因。如市场价格的变动、供货厂商的变动、运输方式及其路线的变动、采购批量的变动等，都可能导致直接材料的价格差异。但由于它与采购部门的工作情况关系更密切，所以其主要责任部门是采购部门。

［注意］影响直接材料价格差异的因素包括市场价格、采购地点、运输方式、运输途中损耗率等。

【例11－2】假定某企业本月投产甲产品8000件，使用A材料32000千克，其实际价格为每千克40元。该产品A材料的用量标准为3千克，标准价格为44元/千克。其直接材料成本差异计算如下：

直接材料实际成本＝32 000×40＝1280 000（元）

直接材料标准成本＝8 000×3×44＝1 056 000（元）

直接材料成本差异＝直接材料实际成本－直接材料标准成本＝22 000（元）

其中，直接材料用量差异 = (32 000 - 8 000 × 3) × 44 = 352 000（元）

直接材料价格差异 = (40 - 44) × 32 000 = -128 000（元）

通过以上计算可以看出，甲产品本月耗用 A 材料发生 224 000 元超支差异。其中，由于生产部门耗用材料超过标准，导致超支 352 000 元，应该查明材料用量超标的具体原因，材料用量差异形成的具体原因有许多，如操作疏忽造成废品和废料增加、新工人上岗造成用料多等，发现原因有助于以后改进工作，节约材料耗费。对材料价格差异而言，由于材料价格降低节约了 128 000 元，从而抵消了一部分由于材料超标耗用而形成的成本超支，这是材料采购部门的工作成绩，也应查明原因，以便巩固和发扬成绩，但必须严控材料质量关。

三、直接人工成本差异的计算和分析

直接人工成本差异包括直接人工效率差异和直接人工工资率差异。

（一）直接人工效率差异

直接人工效率差异即直接人工的用量差异（量差），反映了工人效率的高低。其计算公式为：

直接人工效率差异 = (实际人工工时 - 标准人工工时) × 标准工资率

直接人工效率差异的形成原因也是多方面的，工人技术状况、工作环境和设备条件的好坏等，都会影响效率的高低，但其主要责任部门还是生产部门。

［注意］影响直接人工效率差异的因素：机器设备、材料质量和制造方法改变以及设计不当等客观原因；工人技术的熟练程度、劳动纪律和劳动态度等主观原因。

（二）直接人工工资率差异

直接人工工资率差异即直接人工的价格差异（价差）。人工的价格表现为小时工资率，其计算公式为：

直接人工工资率差异 = (实际工资率 - 标准工资率) × 实际人工工时

直接人工工资率差异的形成原因亦较复杂，工资制度的变动、工人的升降级、加班或新工人的增加等，都将导致直接人工工资率差异。一般而言，这种差异的责任不在生产部门，劳动人事部门更应对其承担责任。

［注意］直接人工工资率差异的因素包括工资调整、工资计算方法的改变和工人级别结构的变化以及奖金和工资性质津贴的变动。

【例 11 - 3】假定某企业本月投产甲产品 8 000 件，本月实际用工 10 000 小时，实际应付直接人工工资 110000 元，该产品工时标准为 1.5 小时/件，标准工资率为 10 元/小时，则工资标准为 15 元/件。其直接人工成本差异计算如下：

直接人工成本差异 = 110 000 - 8000 × 15 = - 10 000 （元）

其中，直接人工效率差异 = (10 000 - 8 000 × 1.5) × 10 = - 20 000 （元）

直接人工工资率差异 = (110 000 ÷ 10 000 - 10) × 10 000 = 10 000 （元）

通过以上计算可以看出，该产品的直接人工成本总体上节约了 10 000 元。其中，直接人工效率差异节约 20 000 元，但直接人工工资率差异超支 10 000 元。工资率超过标准，可能是为了提高产品质量，调用了一部分技术等级和工资级别较高的工人，使小时工资增加了 1 (110 000 ÷ 1 000 - 10) 元，但也因此在提高产品质量的同时，提高了工作效率，使工时的耗用由标准的 12 000 (8 000 × 1.5) 小时降为 10000 小时，节约工时 2 000 小时，从而使最终的成本节约了。可见生产部门在生产组织上的成绩是应该肯定的。

四、变动制造费用成本差异的计算和分析

变动制造费用成本差异由变动制造费用效率差异和变动制造费用耗费差异两部分组成。

（一）变动制造费用效率差异

变动制造费用效率差异即变动制造费用的用量差异（量差），它是因实际耗用工时脱离标准而导致的成本差异。其计算公式为：

变动制造费用效率差异(实际工时 - 标准工时) × 变动制造费用标准分配率

公式中的工时既可以是人工工时，也可以是机器工时，这取决于变动制造费用的分配方法；式中的标准工时是指实际产量下的标准总工时。

变动制造费用效率差异的形成原因与直接人工效率差异的形成原因基本相同。

（二）变动制造费用耗费差异

变动制造费用耗费差异即变动制造费用的价格差异（价差），它是因变动制造费用或工时的实际耗费脱离标准而导致的成本差异，也称变动制造费用分配率差异。其计算公式为：

变动制造费用耗费差异 = (变动制造费用实际分配率 - 变动制造费用标准分配率) × 实际工时

变动制造费用耗费差异是变动制造费用开支额或工时耗费发生变动的情况下出现的成本差异，其责任往往在于发生费用的部门。

[注意] 影响变动制造费用耗费差异的因素：应按构成费用的明细项目，利用弹性预算进行对比分析，从而找出差异的原因及责任归属。

【例11-4】假定企业本月投产甲产品8 000件，本月实际发生变动制造费用40 000元，实际用工10 000小时。其工时标准为1.5小时/件，标准费用分配率为3.5元/小时。其变动制造费用成本差异计算如下：

变动制造费用成本差异 40 000 - 8 000 × 1.5 × 3.5 = -2 000（元）

其中：变动制造费用效率差异 = (10 000 - 8000 × 1.5) × 3.5 = -7 000（元）

变动制造费用耗费差异 = (40 000 ÷ 10 000 - 3.5) × 10 000 = 5 000（元）

通过以上计算可以看出，甲产品制造费用节约2 000元，是由于提高了效率，工时由12 000（8 000 × 1.5）小时降为10 000小时。由于变动制造费用分配率由每小时3.5元提高为4（40 000 ÷ 10 000）元，使变动制造费用发生了超支，从而抵消了一部分变动制造费用的节约额，应该查明变动制造费用分配率提高的具体原因。

五、固定制造费用成本差异的计算和分析

固定制造费用成本差异是实际固定制造费用与实际产量标准固定制造费用的差异。其计算公式为：

固定制造费用成本差异 = 实际固定制造费用 - 实际产量标准固定制造费用

= 实际固定制造费用 - 实际产量 × 工时标准 × 标准费用分配率

= 实际固定制造费用 - 实际产量标准工时 × 标准费用分配率

其中，成本差异是在实际产量的基础上算出的。由于固定制造费用相对固定，一般不受产量影响，因此，产量变动会对单位产品成本中的固定制造费用发生影响：产量增加时，单位产品应负担的固定制造费用会减少；产量减少时，单位产品应负担的固定制造费用会增加。这就是说，实际产量与设计生产能力规定的产量或预算产量的差异会对产品应负担的固定制造费用产生影响。也正因如此，固定制造费用成本差异的分析方法与其他费用成本差异的分析方法有所不

同，通常有两差异分析法和三差异分析法两种分析方法。

（一）两差异分析法

两差异分析法将固定制造费用成本差异分为固定制造费用耗费差异和固定制造费用能量差异两种成本差异。

固定制造费用成本差异 = 实际固定制造费用 - 实际产量标准固定制造费用

= 实际固定制造费用 - 预算固定制造费用 +

预算固定制造费用 - 实际产量标准固定制造费用

= 固定制造费用耗费差异 + 固定制造费用能量差异

固定制造费用耗费差异是指实际固定制造费用与预算固定制造费用之间的差异。预算固定制造费用是按预算产量、工时标准、标准分配率事前确定的固定制造费用。这种成本差异的计算公式为：

固定制造费用耗费差异 = 实际固定制造费用 - 实际产量标准固定制造费用

= 实际固定制造费用 - 预算固定制造费用 ±

预算固定制造费用 - 实际产量标准固定制造费用

= 固定制造费用耗费差异 - 固定制造费用能量差异

固定制造费用能量差异是指由于设计或预算的生产能力利用程度的差异而导致的成本差异，也就是实际产量标准工时脱离设计或预算产量标准工时而产生的成本差异。其计算公式为：

固定制造费用能量差异 = 实际固定制造费用 - 预算固定制造费用

= 实际固定制造费用 - 预算产量 × 标准工时 ×

标准费用分配率

= 实际固定制造费用 - 预算产量标准工时 ×

标准费用分配率

固定制造费用能量差异是指由于设计或预算的生产能力利用程度的差异而导致的成本差异，也就是实际产量标准工时脱离设计或预算产量标准工时而产生的成本差异。其计算公式为：

固定制造费用能量差异 = （预算产量标准工时 - 实际产量标准工时）×

标准费用分配率

【例 11-5】假定企业本月甲产品预算产量为 10 400 件，实际产量为 8 000 件，实际工时为 10 000 小时，实际固定制造费用为 190 000 元。工时标准为 1.5 小时/件，标准费用分配率为 12 元/小时。

［要求］用两差异分析法计算其固定制造费用成本差异。

固定制造费用成本差异 = 190 000 − 8 000 × 1.5 × 12 = + 46 000（元）

其中，固定制造费用耗费差异 = 190 000 − 10 400 × 1.5 × 12 = + 2 800（元）

固定制造费用能量差异 = (10 400 × 1.5 − 8 000 × 1.5) × 12 = + 43 200（元）

通过以上计算可以看出，该企业甲产品固定制造费用超支 46 000 元，主要是由于生产能力利用不足，实际产量小于预算产量所致。固定制造费用超支，不论是耗费差异还是能量差异，一般均应由有关的管理部门负责。

两差异分析法比较简单，但从上述计算公式可见：两差异分析法没有反映和分析生产效率对固定制造费用成本差异的影响。计算能量差异时，使用的都是标准工时，它说明的是按标准工时反映的生产能力利用情况。如果实际产量标准工时和预算产量标准工时一致，则能量差异为零。但是，实际产量的实际工时可能与其标准工时存在差异，而生产能力的实际利用情况更取决于实际工时而非标准工时。实际工时与标准工时之间的差异，属于效率高低的问题。因此，固定制造费用成本差异分析更多地采用将能量差异划分为能力差异和效率差异的三差异分析法。

（二）三差异分析法

三差异分析法将固定制造费用的成本差异区分为固定制造费用耗费差异、固定制造费用能力差异和固定制造费用效率差异三种成本差异。其中固定制造费用耗费差异与两差异分析法相同，其计算公式仍为：

固定制造费用耗费差异 = 实际固定制造费用 − 预算固定制造费用

固定制造费用能力差异是指实际产量实际工时脱离预算产量标准工时而引起的生产能力利用程度的差异而导致的成本差异。其计算公式为：

固定制造费用能力差异 = (预算产量标准工时 − 实际产量实际工时) ×
标准费用分配率

固定制造费用效率差异是指因生产效率差异导致的实际工时脱离标准工时而产生的成本差异。其计算公式如下：

固定制造费用效率差异 = (实际产量实际工时 − 实际产量标准工时) ×
标准费用分配率

［注意］固定制造费用效率差异分析：生产工人劳动效率差异所导致。

固定制造费用能力差异分析：机器故障、劳动力不足、临时停工待料、生产组织不善、工人技术水平、季节变动、停电和生产任务不饱和等。

固定制造费用耗费差异分析：按费用明细项目逐项加以比较分析。

三差异分析法的上列各项计算公式，如图 11 −2 所示。

【例11－6】仍以【例11－5】企业本月甲产品有关数据为例，用三差异分析法计算其固定制造费用成本差异。

固定制造费用成本差异＝190 000 － 8 000 × 1.5 × 12 ＝ ＋46 000（元）

其中，固定制造费用耗费差异＝190 000 － 10 400 × 1.5 × 12 ＝ ＋2 800（元）

固定制造费用能力差异＝（10 400 × 1.5 － 10 000）× 12 ＝ ＋67 200（元）

固定制造费用效率差异＝（10 000 － 8 000 × 1.5）× 12 ＝ －24 000（元）

三差异分析法的耗费差异等于两差异分析法的耗费差异。

三差异分析法的能力差异与效率差异之和，等于两差异分析法的能量差异。采用三差异分析法，能够更好地说明生产能力利用程度和生产效率高低所导致的成本差异情况，并且便于分清责任，能力差异的责任一般在于管理部门，而效率差异的责任则往往在于生产部门。

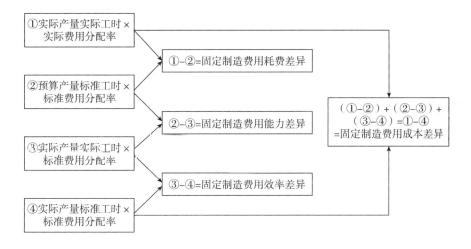

图11－2 三差异分析

第三节 标准成本法的账务处理

一、标准成本法的会计科目

把标准成本纳入账簿体系不仅能够提高成本计算的质量和效率，使标准成本发挥更大的功效，而且可以简化记账手续。为了同时提供标准成本、成本差异和实际成本三项成本资料，标准成本系统的账务处理具有以下特点：

（一）"生产成本"和"库存商品"账户登记标准成本

通常的实际成本系统，从原材料到库存商品的流转过程，使用实际成本记账。在标准成本系统中，这些账户改用标准成本，无论是借方还是贷方均登记实际数量的标准成本，其余额亦反映这些资产的标准成本。

（二）设置成本差异账户分别记录各种成本差异

在标准成本系统中，要按成本差异的类别设置系列成本差异账户，如"直接材料价格差异""直接材料用量差异""直接人工效率差异""直接人工工资率差异""变动制造费用耗费差异""变动制造费用效率差异""固定制造费用耗费差异""固定制造费用效率差异""固定制造费用能力差异"等。差异账户的设置，要同采用的成本差异分析方法相适应，为每一种成本差异设置一个账户。

在需要登记"生产成本"和"库存商品"账户时，应将实际成本分离为标准成本和有关的成本差异，标准成本数据计入"生产成本"和"库存商品"账户，而有关的差异分别计入各成本差异账户。这些成本差异科目的借方登记超支差异，贷方登记节约差异和差异转出额（超支差异用蓝字转出，节约差异用红字冲减转出）。

为了便于考核，各成本差异账户还可以按责任部门设置明细账，分别记录各部门的各项成本差异。

二、标准成本差异的处理原则

标准成本差异的处理，应根据具体情况采用不同的方法进行。一般主要有以下几种方式。

其一，将差异全部计入当期损益。采用这种方法处理时，在期末，应将归集在各种差异账户中的标准成本差异，全部计入当期的损益账户，结平这些差异账户。如果为有利差异，则应增加当期收益；如果是不利差异，则应冲减当期收益。

其二，将标准成本差异根据当月销售产品成本、在产品成本和库存产品成本的比例进行分摊。在分摊时，是根据各种销售产品、在产品和库存产品的标准成本的比例进行分配的。

三、标准成本账务处理举例

对材料价格差异有两种处理方法。一是购入时将材料标准成本计入"原材料"账户，而将其价格差异计入"直接材料价格差异"账户，此时该账户核算的是购入材料的价格差异；二是购入时"原材料"账户登记实际成本，领用时，将领用材料的价格差异从"原材料"账户转入"直接材料价格差异"账户，而将材料标准成本转入生产成本，此时，"直接材料价格差异"账户核算的是领用材料价格差异。

【例11-7】企业购入甲材料 2 000 千克，买价 17.8 元/千克，运费 1.2 元/千克；购入乙材料 1 000 千克，买价 23.1 元/千克，运费 0.9 元/千克。增值税税率为 17%，以银行存款支付，收到材料并验收入库。A 产品耗用甲、乙两种直接材料，标准单价分别为 18 元和 25 元，实际单价分别为 19 元和 24 元，实际耗用量分别为 1 000 千克和 450 千克，标准用量为 950 千克和 560 千克。则有关账务处理如下：

（1）购入时：

借：材料采购——甲材料　　　　　　　　　　　　　　　　38 000

　　　　　　——乙材料　　　　　　　　　　　　　　　　24 000

　　应交税费——应交增值税（进项税额）　　　　　　　　10540

　　贷：银行存款　　　　　　　　　　　　　　　　　　　72 540

（2）结转材料采购成本时：

借：原材料——甲材料　　　　　　　　　　　　　　　　　38000

　　　　　　——乙材料　　　　　　　　　　　　　　　　24000

　　贷：材料采购——甲材料　　　　　　　　　　　　　　38000

　　　　　　　　　——乙材料　　　　　　　　　　　　　24000

（3）领用时：

借：基本生产成本——A 产品　　　　　　　　　　　　　　31100

　　直接材料价格差异　　　　　　　　　　　　　　　　　550

　　贷：原材料　　　　　　　　　　　　　　　　　　　　29 800

　　　　直接材料用量差异　　　　　　　　　　　　　　　1 850

标准成本 = 950 × 18 + 560 × 25 = 31100（元）

实际成本 = 1 000 × 19 + 450 × 24 = 29 800（元）

直接材料价格差异 =（19 - 18）× 1000 +（24 - 25）× 450 = 550（元）

直接材料用量差异 $= (1\ 000 - 950) \times 18 + (450 - 560) \times 25 = -1\ 850$（元）

【例11-8】企业生产中耗用人工成本的基本资料如下：A产品本月实际工时为8400工时，标准工时为8 200工时，实际工资率为2.25元，标准工资率为2元。根据有关资料计算，账务处理如下：

借：基本生产成本——A产品   16 400

  直接人工工资率差异   2 100

  直接人工效率差异   400

  贷：应付职工薪酬   18 900

A产品的直接人工标准成本 $= 8\ 200 \times 2 = 16\ 400$（元）

A产品的直接人工实际成本 $= 8\ 400 \times 2.25 = 18\ 900$（元）

A产品直接人工工资率差异 $= (2.25 - 2) \times 8\ 400 = +2\ 100$（元）

A产品直接人工效率差异 $= (8\ 400 - 8\ 200) \times 2 = +400$（元）

【例11-9】承【例11-8】的相关资料归集和结转变动制造费用。本月实际发生的变动制造费用为10 248元，标准变动制造费用分配率为1.3元。

实际工作中发生各项变动制造费用时作以下账务处理：

借：制造费用（变动）   10 248

  贷：银行存款（或相关科目）   10 248

结转变动制造费用，根据【例11-8】有关资料计算，作以下账务处理：

借：基本生产成本——A产品   10660

  变动制造费用效率差异   260

  贷：制造费用（变动）   10 248

    变动制造费用耗费差异   672

A产品变动制造费用耗费差异 $= 10248 - 8\ 400 \times 1.3 = -672$（元）

A产品变动制造费用效率差异 $= (8\ 400 - 8\ 200) \times 1.3 = +260$（元）

【例11-10】承【例11-8】的相关资料，用三差异分析法归集结转固定制造费用。本期生产中，固定制造费用总额为28140元，预算金额为27 720元，预计产量880件，实际产量820件，预算总工时为8800工时。

实际工作中发生各项固定制造费用时：

借：制造费用（固定）   28 140

  贷：银行存款（或相关科目）   28 140

结转固定制造费用时，根据【例11-8】资料计算，作以下账务处理：

借：基本生产成本——A产品   25 830

  固定制造费用耗费差异   420

固定制造费用能力差异	1 260
固定制造费用效率差异	630
贷：制造费用（固定）	28 140

固定制造费用标准分配率 = 27720 ÷ 8 800 = 3.15（元/小时）

A产品标准固定制造费用 = 8 200 × 3.15 = 25 830（元）

固定制造费用实际分配率 = 28 140 ÷ 8 400 = 3.35（元/小时）

固定制造费用耗费差异 = 28 140 - 27 720 = +420（元）

固定制造费用能力差异 = 27 720 - 8 400 × 3.15 = +1 260（元）

固定制造费用效率差异 =（8 400 - 8 200）× 3.15 = +630（元）

【例11-11】承【例11-7】至【例11-10】相关资料，结转本期完工入库产品标准成本。完工入库全部产品的标准成本如下：

直接材料	31 100
直接人工	16 400
变动制造费用	10 660
固定制造费用	25 830
合计	83 990

相关账务处理如下：

| 借：库存商品——A产品 | 83 990 |
| 　贷：基本生产成本——A产品 | 83 990 |

【例11-12】承【例11-7】至【例11-11】相关资料，本期实际产量为820件，销售单价为150元/件，假设企业已全部销售本月所产产品，做出相关账务处理。

借：应收账款	143 910
贷：主营业务收入	123 000
应交税费——应交增值税（销项税额）	20910

产品销售收入 = 820 × 150 = 123 000（元）

结转已销产品标准成本，账务处理如下：

| 借：主营业务成本 | 83 990 |
| 　贷：库存商品——A产品 | 83 990 |

【例11-13】承【例11-7】至【例11-12】相关资料，月末汇总该企业各项成本差异并进行结转。

根据上述资料汇总各项成本差异，如表11-2所示。

表 11 - 2　各项成本差异汇总　　　　　　　　单位：元

账户名称	借方余额	贷方余额
直接材料价格差异	550	
直接材料用量差异		1 850
直接人工工资率差异	2 100	
直接人工效率差异	400	
变动制造费用耗费差异		672
变动制造费用效率差异	260	
固定制造费用耗费差异	420	
固定制造费用能力差异	1 260	
固定制造费用效率差异	630	
合计	5 620	2 522

月末将各项成本差异转入当期销售成本。

借：主营业务成本　　　　　　　　　　　　　　　　　　　　　　5 620
　　贷：直接材料价格差异　　　　　　　　　　　　　　　　　　　550
　　　　直接人工工资率差异　　　　　　　　　　　　　　　　　2 100
　　　　直接人工效率差异　　　　　　　　　　　　　　　　　　　400
　　　　变动制造费用效率差异　　　　　　　　　　　　　　　　　260
　　　　固定制造费用耗费差异　　　　　　　　　　　　　　　　　420
　　　　固定制造费用能力差异　　　　　　　　　　　　　　　　1 260
　　　　固定制造费用效率差异　　　　　　　　　　　　　　　　　630
借：直接材料用量差异　　　　　　　　　　　　　　　　　　　　1 850
　　变动制造费用耗费差异　　　　　　　　　　　　　　　　　　　672
　　贷：主营业务成本　　　　　　　　　　　　　　　　　　　　2 522

本章小结

本章介绍了标准成本的内容和制定，标准成本的计算，标准成本差异的计算和分析，详细地阐述了固定制造费用的两差异分析法和三差异分析法，描述了完整的标准成本法的计算以及相应账务处理。

练习题

安泰公司的电器分厂为顾客生产一种小型电器产品。分厂生产主管王逍几天前收到了 201×年 10 月分厂的生产报告，如表 11-3 所示。

表 11-3 201×年 10 月的电器分厂的生产报告　　　　　单位：元

成本项目	标准	实际	差异
直接材料	160 000	161 000	1 000
直接人工	240 000	242 000	2 000
变动制造费用	100 000	107 100	7 100
固定制造费用	100 000	103 000	3 000

由于王逍和他的同事非常努力地提高生产率，因此这些不利差异让他感到非常不安。他立即与公司总经理进行了面谈，总经理建议王逍与公司主管会计面谈，以便对生产中存在的问题作进一步了解。主管会计为王逍提供了一些其他信息，如表 11-4、表 11-5 所示。

表 11-4 201×年 10 月的电器分厂的变动制造费用开支　　　　单位：元

项目	年度预算	10 月实际数
间接材料	450 000	36 000
间接人工	300 000	33 700
设备维修	200 000	16 400
设备动力	50 000	21 000
合计	1 000 000	10 710

表 11-5 201×年 10 月的电器分厂的固定制造费用开支　　　　单位：元

项目	年度预算	10 月实际数
管理人员工资	260 000	22 000
折旧费	350 000	29 500
办公费	21 000	21 600
财产税	28 000	29 900
合计	1 100 000	10 300

另外，分厂全年预算直接人工总工时为 25 000 小时，10 月实际发生生产工时为 25 500 小时。

［请讨论］

1. 分析制造费用的各项差异。

2. 说明制造费用各项差异产生的可能原因。

3. 说明上述分析结果可能对生产主管王逍的行为造成何种影响。

参考文献

［1］于彩珍．成本会计实务［M］（第 2 版）．厦门：厦门大学出版社，2011.

［2］中华人民共和国财政部．企业财务通则［M］．北京：中国财政经济出版社，2006.

［3］财政部会计司．企业会计准则讲解（2010）［M］．北京：中国财政经济出版社，2010.

［4］查尔斯，亨格瑞．成本会计以管理为重心［M］（第 12 版）．罗炜．北京：中国人民大学出版社，2007.

［5］胡玉明，潘敏虹．成本会计［M］（第 3 版）．厦门：厦门大学出版社，2010.

［6］于富生，王俊生，黎文珠．成本会计学［M］（第 6 版）．北京：中国人民大学出版社，2012.

［7］王文清，甘永生．管理会计学［M］．北京：清华大学出版社，2007.

［8］孙茂竹，文光伟，杨万贵．管理会计学［M］（第 5 版）．北京：中国人民大学出版社，2009.

［9］于增彪．管理会计研究［M］．北京：中国金融出版社，2007.

［10］李天民．现代管理会计学［M］．上海：立信出版社，2010.